사람됨의 뜻

철학적 인간학

사람됨의 뜻

철학적 인간학

이규호 지음

좋은날

개정판에 붙이는 말

이 책이 1967년에 발행되어 밀레니엄시대를 앞둔 현재까지 무려 33년이 흘렀다. 그럼에도 불구하고 36쇄를 기록할 정도로 최장기간 독자들의 꾸준한 사랑을 받은 것은 이 책에 대한 가치가 그만큼 높다는 증거일 것이다. 책이란 그렇다. 좋은 내용, 좋은 글은 쉽게 사라지지 않는다.

30여년이 흐르는 동안 세계적인 철학의 무대에도 생동적이고 많은 변화가 있었다. 실존주의가 거의 퇴조하고, 사회철학이 큰 영향력을 발휘하기도 했었다. 그리고 밀레니엄시대를 바라보는 현대에 와서도 철학의 범주는 인간에 대한 인간주의가 그 밑바탕으로 하고 있음은 말할 것도 없다. 어쩌면 밀레니엄시대는 인간에 대한 철학의 근원적 가치가 문명과 물질과 소비문화에 의해 약화되어지고 있지만 그러나 그만큼 인간주의에 대한 철학적 가치는 상대적으로 높아졌다고 볼 수 있다.

이제는 인간을 철두철미 사회적인 존재로서 관찰할 시대에 도달해 있다고 보는 것이 더욱 정확한 말이다. 인간의 삶의 모든 문제들이 사회적인 현상이기 때문이다. 특히 산업사회에 있어서의 인간의 운명, 그리고 산업사회의 미래에 대한 엇갈린 전망, 인류의 생존에 대한 기술문명의 위협 등은 너무나도 절실한 문제들로서 등장하였기 때문에 '사람됨의 뜻'을 다루는 철학도가 전연 이들을 회피할 수 없게 되었다. 이 증보판에서 더 첨가한 글들이 나 자신의 생각이나 관심의 전환을 나타낸다면 이러한 배경 때문이다. 우리의 삶의 공동체에 대한 사회적인 책임과 우리의 사람됨은 끊을 수 없는 관계를 가졌다. 특히 그러한 점에서 밀레니엄시대는 '사람됨의 뜻'이 더욱 강조된다.

1999년 9월

이 규호

머리말

　여기에서 나는 철학적 인간학을 다루어 보았다. 실존철학이 지나가면서 철학의 새로운 과제는 좀 더 넓은 입장에서 사람의 본질이 무엇인가를 추구하는 것이 되었다. 그래서 나는 여기에서 이 문제를 다루어 보려고 한다.

　나는 여기에서 될 수 있는 대로 우리말을 철학적인 개념으로써 살려 보려고 애썼다. 우리의 생각은 어쩔 수 없이 우리말에 의해서 이룩되고, 표현되고, 발전한다고 믿기 때문이다. 우리의 철학이 우리의 삶의 현실 속에서 참으로 큰 힘이 되려면 이러한 우리말에 의한 철학의 작업은 누구에 의해서든지 언젠가는 적극적으로 추진되어야 할 줄 안다.

　이 책은 처음에는 강의 준비를 위해서 쓴 것인데, 그 동안 나의 생각이 조금씩 발전함에 따라 보충한 것이다. 그렇게 해서 연세대학원에서 출판한 『연세논총』에 발표했다. 그런데 다시 마지막으로 "만남과 사람됨"은 꼭 결론으로 발전시켜야 되겠다고 생각되었기 때문에 다시 쓴 것이다. 여기서는 특히 철학적 인간학과 교육학의 관계를 염두에 두고 문제가 다루어졌다.

우리말로 쉽게 다듬어 보려고 애썼지만 철학적 인간학은 지금 독일을 중심으로 한 구라파 철학이 한참 취급하고 있는 문제이기 때문에 아무래도 이 책은 이 분야의 전문 서적이다.

그러나 철학적 인간학은 사람의 문제를 중심으로 한 모든 인문사회 과학의 기초학이라는 것을 말해 두고 싶다.

마지막으로 깊은 이해를 가지고 이 책을 출판해 주신 좋은날 출판사에 감사를 드린다.

1967년 6월

이규호

차 례

1. 문제의 성격

　사람은 삶의 주체이며 삶을 통해서 스스로를 이룩한다. 사람은 삶의 창
조자이며 또한 삶의 피조물이다. 이러한 창조와 피조의 얽힘의 관계에 사
람과 삶의 영원한 비밀이 있다. 따라서 삶의 문제의 핵심은 사람이 무엇이
냐 하는 문제이다. 그러므로 우리가 여기 사람이 무엇이냐 하는 문제를 다
루는 것은 곧 이를 통해서 삶의 비밀을 추구하려는 것이다. 사람을 그 움
직임에 있어서 현상적으로 넓게 관찰하면 곧 삶이며, 삶의 현상을 그 핵심
을 향해서 내향적으로 관찰하면 사람에 이른다. 삶은 움직임으로서의 사
람의 현상이고 사람은 움직임으로서의 삶을 통해서만 스스로를 형성하
며, 움직임으로서의 삶에서만 스스로를 밝힌다. 우리는 한 사람의 '사람
됨'[1] 을 그의 삶을 통해서만 알 수 있다. 여기에서 사람됨이라는 표현은 사

---

1) Jaspers의 Menschwerden이라는 말과 좋은 비교가 된다.

람이라는 것이 처음부터 고정적인 모습으로 있는 것이 아니고, 그의 삶에서 그리고 삶을 통해서 스스로를 형성해 가는 것이라는 것을 의미한다. 곧 사람은 고정적인 불변의 본질을 가지고 있는 것이 아니고, 늘 자기를 형성해 가는 과정에 있는 역사적인 존재라는 뜻이다. 이런 뜻에서 야스퍼스(Jaspers)는 '사람임(Menschsein)'이 아니고 '사람됨(Menschwerden)'이라고 했다. 우리 속담에 "사람이면 다 사람이냐, 사람이 되어야 사람이지"라는 말이 있다. 사람은 '되어야 한다'는 것이다. 그러므로 우리가 사람이라고 할 때 그것은 고정적인 실체로서 삶 배후에 있는 것이 아니고, 삶과 함께 비로소 이룩되는 것을 말한다. 우리 말의 삶은 원래 '사람'이었고, 사람은 '사람'이었다. 이를 통해 우리는, 삶과 사람은 어원적으로 같은 말들이었음을 알 수 있다. 흔히 실증주의자들은 우리가 이렇게 속담과 어원을 인용하는 것을 비과학적이라고 생각하겠지만, 우리는 오래 보존된 속담과 말의 어원에서 합리주의의 편견에 의해서 왜곡(歪曲)되지 아니한 삶의 원초적인 참을 발견한다.

우리가 여기에서 사람이 무엇이냐는 문제를 다루는 것은 이론적 흥미만을 위한 것이 아니고 삶과 사람됨의 가장 절실한 문제를 다루는 것이다. 철학은 지금까지 인식론(認識論)이나 논리학(論理學)을 열심히 다루었지만 살아 움직이는 사람을 전체적으로 그의 삶에 있어서 다루려고 하지는 않았다. 지금까지 철학이 믿었던 것처럼 사람의 인식이나 사유(思惟)가 삶의 움직임에 의존하지 않는 어떤 절대적이고 선험적(先驗的)인 기초에서 출발해서 객관적인 진리의 체계를 세우는 것이 아니고 사람의 '앎'이나 '생각'도 삶의 일부이며 삶의 움직임 속에 있는 것이라면, 철학의 관심의 초점은 달라져야 한다. 삶을 떠난 앎이나 생각은 추상적인 관념으로서만 존재한다. 우리의 '생각'은 결코 삶의 테두리 밖에 어떤 출발점을 가지고 있지 않다. 따라서 우리의 앎은 삶의 일부분이며 삶을 위해 서 있다. 우리는 철학이 지금까지 인식론이나 논리학을 다룬 것이 잘못이라고 말하는 것이 아니고, 앎의 문제나 생각의 문제를 삶에서 분리시켜 추상적으로만 다룬 것이 잘못이라고 믿고 있다. 이런 의미에서 우리는 이제 앎이나 생각의 문제를 다루기 전에 사람이 전체적으로 무엇이냐는 것을 물어보려고 한다.

서양철학에서는 1920년대 이후 '철학적 인간학(Phildsdphische Anthropologie)'이라는 이름으로 사람이 무엇인가를 철학의 중심과 제로 다루는 경향이 나타났다. 그래서 이때의 철학적 경향을 가리켜 '인간학적 전환(Anthropologische Wendung)'이라고들 했다.

철학이 앞에서 말한 바와 같이 관념적이고 추상적인 이론체계만을 다루고 있다가 살아 움직이는 사람의 존재에 관한 문제에 관심을 가지게 되었다는 것이다. 우리는 인간학적 전환을 잘 이해하기 위해서 희랍철학에 있었던 그와 비슷한 전환을 상기해 보는 것이 좋을 것 같다. 희랍철학의 초기에 자연철학자들은 자연에 대해서 관심을 쏟고 있었다. 끊임없이 변하는 자연 배후에 있는 영원불변의 '아르케(Arche)'가 무엇이냐는 문제를 그들은 쫓고 있었다. 그들은 그 영원불변의 아르케를 '물'이라고도 하고 '불'

이라고도 하고 '공기'라고도 하고 '원자'라고도 했다. 그러나 프로타고라스(Protagoras)를 중심으로 한 소피스트(Sophist)들에게 이르러서 철학의 관심은 자연으로부터 사람에게로 옮겨 왔다. 왜냐하면 사람은 만물의 척도이기 때문이다. 소크라테스(Sokrates)도 이 소피스트들 중의 한 사람으로서 그는 철학적 관심의 중심을 사람으로 보았다. 그러면서도 소크라테스는 소피스트들의 사람 중심의 극단적인 상대주의를 극복하고, 서양철학의 단단한 기반을 닦았다. 소피스트들에 의하면 객관적이고 절대적인 진리는 없고, 다만 진리는 사람의 생각에 의존하는 상대적인 것이다.[2] 그런데 소크라테스는 소피스트들과 마찬가지로 객관적인 진리를 쉽게 절대화하는 단순한 독단주의를 물리쳤지만, 그의 제자들과의 대화법을 통해서 먼저 철학의 낱말을 '나'도 알 수 있고 '너'도 알 수 있게 정의하고 이 낱말들을 연결해서 우리 모두가 구속받는 보편적인 진리를 찾는 길을 모색했다. 이렇게 소크라테스의 철학은 사람의 문제에 관심하는 철학이면서 말을 다듬고 엄밀히 정의하고, 이렇게 다듬어진 말을 토대로 한 말의 철학이었다.

그런데 1920년대에 나타난 인간학적 전환의 주동인물은 막스 쉘러(Max Scheler)라는 사람이다. 그는 제1차 세계대전 전에 "어떤 의미에서 철학의 모든 중심문제들은 곧 사람이 무엇이냐는 하나의 문제로 돌아간다"[3]고 말했다. 막스 쉘러는 다시 "우리의 시대가 가장 절실하게 그 해답

---

2) Protagoms의 인간 중심적 인식론.
3) Max Scheler. *Zur Idee des Menschen.*

을 요구하는 철학적인 문제가 있다면 그것은 철학적 인간학의 문제이다"라고 말하면서 이 문제의 중대성을 주장했다. 그가 말하는 철학적 인간학이라는 것은 "사람의 본질에 대한 기초과학(Eine Grundwissenschaft vom Wesen des Menschen)"이라고 한다. 그의 작은 책 「우주 안에 있어서의 사람의 위치」(Die Stellung des Menschen im Kosmos)는 철학의 이와 같은 새로운 경향을 불러일으킨 고전이 되었다.

인류 역사에서 과거 어느 때에도 사람에 관해서 오늘날과 같이 여러 가지 과학들이 발달한 시대는 없었다. 인류학, 생리학, 심리학, 의학 그리고 더 나아가서는 생물학, 사회학 등을 통해서 오늘날 우리들은 사람에 관한 지식들을 과거 어느 때보다도 많이 가지고 있다. 그럼에도 불구하고 우리들은 과거 어느 시대보다도 사람이 무엇인지를 알지 못하고 있다. 과거에 있어서는 종교의 교리나 혹은 비교적 단순한 철학이 사람이 무엇인지에 대해서 소박한 해답을 주고 있었다. 그러나 오늘날 우리들은 사람에 대한 그 많은 지식들 때문에 이제 사람이 무엇인지 모르게 되었다. 그런데 사람이 무엇이냐는 데 대한 우리의 해답에 따라서 삶의 현상에 대한 이해가 달라진다. 다시 말하자면 인문사회현상에 대한 우리의 이해는 사람의 본질에 대한 우리의 이해에 따라서 근본적으로 좌우된다.

막스쉘러에 의해서 철학적 인간학이 나타난 것과 거의 때를 같이 해서 실존철학이 나타났다. 그 당시 서양문명권 안에서의 긴박하고 불안한 정신적인 상황 아래서 사람들은 자기존재에 대한 절실한 실존적인 철학 때문에 사람이 무엇이냐는 문제를 과학적으로 그리고 종합적으로 다룰 마음의 여유를 갖지 못했었다. 따라서 철학적 인간학은 나타나면서부터 실존철학과 대결할 수밖에 없는 처지에 있었다.

실존철학자들 중에도 특히 야스퍼스는 철학적 인간학을 정면으로 부인했다. 야스퍼스는 철학적 인간학은 사람에 관해서 하나의 고정적인 지식을 얻으려고 하고, 하나의 결정적인 정의를 내리려고 한다고 생각한다. 그러나 사람만은 그러한 고정적인 지식과 결정적인 정의의 대상이 될 수 없다. 왜냐하면 사람은 스스로 고정적이고 결정적인 본질을 가지고 있는 것이 아니고, 그 가장 깊은 곳에서 언제나 '됨'을 위해서 열려 있는 가능성에 지나지 않기 때문이다. 사람은 고정적인 불변의 존재가 아니기 때문에 그는 자신의 존재를 형성하기 위해서 스스로 이렇게 혹은 저렇게 결단을 할 자유를 가지고 있다. 그러므로 야스퍼스는 사람이 무엇이냐는 것을 과학적으로 해답한다는 것은 있을 수 없는 일이라고 주장한다. 사람의 존재의 깊은 곳에는 '창조적인 움직임'이 도사리고 앉았는데, 이 창조적인 불안은 붙잡을 수 없는 것이다. 철학적 인간학은 이러한 사람의 실존적인 근원을 깨닫지 못하고 그 대신 사람 속에서 잡을 수 없는 객관적인 물체와 같은 것을 본다고 야스퍼스는 비난한다. 따라서 사람을 객관적으로 대상화하는 철학적 인간학은 있을 수 없고, 다만 사람의 실존을 간접적인 방법으로 밝히는 실존 해명(Existenzerhellung)의 철학이 있을 뿐이라는 것이다.

야스퍼스의 이와 같은 주장은 그의 실존철학을 잘 드러내기는 했지만 그러나 철학적 인간학에 대한 비난으로서는 정당하지 못하다. 첫째로 야스퍼스는 인간학(Anthropologie)이라는 말을 너무 좁게 생각하고 있다. 철학적 인간학은 반드시 사람을 그가 생각하는 것처럼 고정적으로 정의하려는 것은 아니다. 왜 철학적 인간학이 사람을 '열린 가능성' 혹은 '됨의 움직임'으로서 이해할 수 없겠는가. 둘째로 야스퍼스에 의하면 사람의 실존은 본질적으로 객관적인 대상이 될 수 없는 성질의 것인데, 철학적 인간학은 이를 대상화하고 따라서 왜곡하는 과학에 해당한다. 그는 여기에서 대상이라는 말도 너무 좁게 이해하고 있다. 사람이 자기의 존재를 형성할 수 있는 결단의 자유나 그의 창조적인 움직임이 왜 우리의 앎의 대상이 될 수 없겠는가. 우리의 앎의 대상은 반드시 죽은 고정적인 물체나 그와 같은 존재뿐만이 아니다. 셋째로 야스퍼스는 과학(Wissenschaft)이라는 말을 너무 좁게 해석하고 있다. 객관적인 대상에서 보편적인 법칙을 설명해내는 자연과학만이 과학이 아니다. 우리의 삶의 현상을 대상으로 하는 모든 과학들은 그런 의미의 과학과는 성격을 달리하지만 그들 역시 과학이다. 그는 모든 주장에 있어서 늘 철학은 과학이 아니라는 입장을 되풀이 하지만 [4] 철학은 기본 과학으로서의 본래의 위치에 돌아가야 한다.

실존철학의 한계성이 드러난 오늘날 다시 철학적 인간학을 새로운 방향으로 들고 나오는 란드만(Michael Landmann)은 철학적 인간학을 통

---

4) Bultman과의 비신화론 논쟁에서.

해서 실존철학을 극복하자고 다음과 같이 말한다.5) 실존철학은 우리의 마음 깊은 곳까지 미치는 호소의 힘을 갖고 있으며 또한 우리들 자신의 존재를 위한 책임감을 절실히 느끼게 한다. 이런 점에서 다른 철학들은 실존철학을 따라갈 수가 없다. 그러나 실존철학은 사람의 전체적인 현상을 제대로 다루지는 못했다.

실존이라는 말은 사람의 존재의 깊은 곳을 드러내기는 했지만 사람은 역시 실존만이 아니다. 실존이라는 말이 사람의 삶의 넓이를 다 드러내지 못할 뿐만 아니라 사람의 본원적인 현상도 다 드러내지 못한다. 사람은 지금까지 철학이 흔히 생각한 것처럼 인식만을 위한 이성적 존재도 아니고 선과 악 사이에서 책임 있는 선택을 하는 윤리적인 존재만도 아닌 것과 같이, 사람은 실존철학이 말하는 실존만도 아니다. 사람은 가장 중요하고 결정적인 차원에서 관찰하면 사회적이고 역사적인 삶을 살아가는 삶의 존재이다.6) 란드만은 삶의 표현을 문화라고 생각하면서 사람을 문화적 존재(Kulturwesen)라고 한다. 사람은 삶의 창조자이며 또한 삶의 피조물이다. 실존철학은 이러한 삶의 전체적인 영역에 대해서는 아주 어둡다. 따라서 이제 앞으로 철학적 인간학이 실존철학의 한계성을 극복해야 한다고 란드만은 주장한다.

그러므로 사람이 무엇이냐는 문제는 현대철학의 가장 중요한 문제이

---

5) Michael Landmann의 *Der Mensch als Schopfder und Geschöpfder Kultur.*
6) O.F.Bollnow, *DasWesen der Stimmungen.*

다. 우리는 이 문제를 추구하는 데 있어서 지금까지 철학의 모든 성과와 사람에 관해서 모든 과학들이 밝혀낸 지식들을 흡수하되, 역사상에 나타난 여러 가지 독단적인 인간관이나 형이상학적인 원리나 혹은 기계적이고 유물론적인 세계관을 전제함이 없이 사회적이고 역사적인 삶의 현상에 자연스럽게 나타난 사람의 모습을 분석하고 정리하는 것이 중요하다고 생각한다. 곧 사람의 본질을 현상학적 해석학의 방법으로 깊이 이해하자는 것이다.

2. 문제의 뜻

니체(Nietzsche)는 사람을 "아직 고정적으로 완성되지 못한 동물(Das noch nicht Festgestellte Tier)"이라고 했다. 다른 동물들은 나면서부터 고정적인 생활형태에 얽매인 일정한 존재형식을 갖고 있다. 그러나 사람은 여러 가지 삶의 가능한 형태들을 위해서 열려져 있기 때문에 여러 가지 종류의 환경에 적응할 수 있고 따라서 그의 존재현상은 일정한 형식을 갖고 있지 않다. 사람은 육체적인 기능만으로 보아도 다른 동물들에 비해서 미완성의 상태로 태어난다. 생물학적으로 관찰하면 사람은 다른 동물들에 비하면 달이 차기 전에 출산된 동물이라고 볼 수 있다. 왜냐하면 다른 동물들은 출산된 후 얼마 되지 않아서 그 동물로서는 정상적인 육체적인 기능을 갖지만, 사람이 육체적으로 완전히 자라나기까지는 상당히 긴 기간을 필요로 하기 때문이다. 더군다나 사람이 그의 사회적인 기능을 다하기까지는 오랜 교육기간을 필요로 한다. 더 나아가서 정신적으로 완전한 사람이 된다는 것은 있을 수 없는 일이다. 그것은 사람이 '고정적인 형식의 모습'을 갖고 있지 않기 때문에, 무엇이 '완전한 모습'이냐 하는 것도 문제이며 따라서 사람됨은 일생동안 그의 삶을 통해서 '되어가는 과정'이기 때문이다. 이런 뜻에서 사람은 한 번도 완전한 존재가 되어봄이 없이 죽는 동물이다.

사람은 그의 육체의 기관들과 그 기본적인 기능들을 태어나면서 자연으로부터 얻었지만 이 주어진 토대 위에서 어떤 사람을 형성하느냐는 것은 그 사람 자신에게 맡겨진 과제이다. 그러므로 사람은 자기 자신을 형성할 책임을 가진 유일한 존재이다. 이런 뜻에서 란드만은 사람을 미완성 교향악이라고 했다.[7] 남은 미완성의 부분을 스스로 창조해야 할 과제를 사람은 자기 자신이 갖고 있다는 것이다. 사람은 이렇게 늘 자기 자신을 형성해 가는 존재이기 때문에 사람이 무엇이냐는 문제는 우리에게 매우 큰 뜻을 가진다. 왜냐하면 우리가 사람을 무엇으로 아느냐는 것은 우리 자신을 어떻게 형성해 가느냐는 문제와 연결되기 때문이다. 다시 말하면 사람의 존재에 대한 우리의 이해는 우리가 우리 자신을 형성해 가는 데 큰 영향을 준다는 것이다.

겔렌(Arnold Gehlen)은 우리가 사람을 무엇으로 이해하느냐에 따라서

---

7) Michael Landmann, *Philosophische Anthropologie.*

우리의 삶 하나 하나의 결단이 달라질 것이고, 그것은 또한 삶의 과제를 밝히는 데도 큰 영향을 준다고 한다.[8] 보기를 들면 우리가 사람을 하나님의 피조물이라고 이해할 때와 혹은 사람을 원숭이의 후손으로 이해할 때와는 삶의 현실에 대한 우리의 태도가 달라질 것이다. 사람을 무엇으로 이해하느냐에 따라서 우리가 삶의 구체적인 과제들과 대결할 때에 마음속으로부터 우리는 서로 다른 명령을 들을 것이기 때문이다. 사람에 대한 우리의 이해는 우리의 삶을 크게 지배한다. 그런데 우리는 우리의 삶을 통해서 우리 자신을 형성하기 때문에 사람에 대한 우리의 이해는 우리 자신의 형성에 결정적인 영향을 미친다. 이렇게 해서 사람의 자기 이해는 사람의 자기 형성의 문제와 직접 관련된다. 사람의 존재에 관해서는 '앎'과 '삶'과 '됨'이 분리될 수 없는 하나의 문제이다.

다음으로 우리가 사람이 무엇이냐는 문제를 다루는 뜻은, 이 문제가 언제나 철학의 중심문제이기 때문이다. 흔히 서양 고대철학의 중심문제를 '자연'이라고 한다. 희랍의 자연철학자들은 늘 변화하는 자연 배후에 있는 불변의 '아르케'가 무엇이냐는 것을 생각했다. 그리고 중세철학은 중심문제를 '하나님'이라고 한다. 중세의 거의 모든 사상가들은 자연과 역사와 사람의 삶을 모두 하나님을 중심으로 생각했다. 데카르트의(Descartes)의 "나는 생각한다, 그러므로 나는 존재한다(Cogito ergo sum)"로부터 시작

---

8) Arnold Gehlen, *Der Mensch.*

해서 실존을 분석하는 하이데거(Heidegger)의 실존철학에 이르기까지 근세 현대철학의 중심문제는 '사람'이라고 한다. 그러나 이미 말한 바와 같이 고대 희랍철학에서도 소피스트들을 통해서 철학의 관심이 자연에서 사람으로 옮겨졌다. 중세철학에서도 어거스틴(Augustin)같은 위대한 철학자는 사람들이 하늘의 별을 바라보고 신비스럽게 생각할 줄은 알면서 자기 자신의 존재의 깊이를 들여다보고 놀랄 줄은 모른다고 했다.[9] 그러므로 근세나 현대뿐만 아니라 고대나 중세에서도 철학의 참다운 근본문제는 사람의 존재에 관한 문제라고 할 수 있다. 다만 과거의 거의 모든 철학자들이 사람에 대한 소박하고 독단적인 이해를 의심할 수 없는 자명한 것으로 전제하고 있었기 때문에 사람이 무엇이냐는 문제를 더 철저히 제시하고 이를 추구하지 못했다는 것뿐이다. 따라서 오늘날 인간학의 문제는 철학의 중심문제이며 또한 근본문제로서 참으로 큰 뜻을 가졌다.

사람이 무엇이냐는 것은 이와 같이 철학의 중심 문제일 뿐만 아니라 사실은 철학 이전에 인류의 삶의 역사와 함께 늘 의식적으로 혹은 무의식적으로 문제되었다. 철학 이전에 있었던 몇 가지 사람에 대한 특수한 이해들을 살펴보면 다음과 같다.

첫째로 사람과 동물, 그리고 사람과 다른 물체들 사이에 확실한 구별이 없는 사람 이해를 들 수 있다. 이는 동물이나 여러 가지 물체들을 사람

---

9) Augustin, 「참회록」

과 같이 생각하고 다루는 의인주의(擬人主義)를 말한다. 원시시대의 '토템(Totem)'이나 여러 가지 형태의 원시종교들에서 우리는 사람에 대한 이러한 이해의 현상을 찾아볼 수 있다. 그런데 이러한 의인주의는 완전히 사라진 것은 아니다. 오늘날 우리의 삶 속에도 이러한 의인주의적인 생활감정은 그대로 살아 있다.

다음으로 사람을 그가 속한 민족을 중심으로 이해한 시대가 있었다. 사람이 무엇이냐고 하면 옛날 중국 사람들은 중국 사람만이 사람이고 그 밖에 있는 존재들은 오랑캐라고 했을 것이다. 이런 생각은 애급이나 희랍에서도 찾아볼 수 있다. 이러한 사람 이해는 비교적 높은 문화를 가졌던 민족들에서 많이 찾아볼 수 있는데, 그들은 자기들과 다른 모양의 삶의 현상을 이해할 수 없었기 때문이다. 그뿐만 아니라 그 당시 민족들 사이의 끊임없는 싸움은 필연적으로 그 들로 하여금 그런 생각을 갖게 했을 것이다. 민족 중심적인 교만은 오늘날도 우리의 국제적인 삶 속에 무의식적으로 뿌리 깊이 남아 있다. 뿐만 아니라 이러한 민족 중심의 사람 이해는 우리의 구체적인 사람됨이 언제나 한 민족의 문화적인 전통 안에서만 이룩된다는 사실을 알려 주는 긍정적인 뜻도 가졌다.

마지막이란 일정한 종교를 믿는 존재가 사람이라는 종교 중심적인 사람 이해가 있다. 이런 생각은 아주 배타적인 종교들에게서 찾아볼 수 있다. 마호메트 신자들은 그들만이 사람이고 기독교도들은 사람이 아니라고 생각하고 있었다. 반대로 기독교도들 또한 기독교 문명권 밖에 있는 민족들을 참다운 사람이라고 생각하지 않았던 시대가 있었다. 그래서 서양 사람들이 다른 대륙들을 발견했을 때 거기에 살고 있는 토인들은 사람으로 취급해야 하느냐에 대해서 신학적인 논의를 거듭한 때가 있었다. 우리가 지금 사용하고 있는 '인류'라는 말은 계몽주의 이후에 넓게 퍼진 말이다.

철학적인 비판 이전에 두드러지게 나타난 몇 가지 형태의 사람 이해들을 살펴보았는데, 그뿐만 아니라 사람은 살고 있는 동안에 언제나 사람에 대한 자기대로의 이해를 가지고 있다. 삶에서 우리의 모든 결단과 여러 가지 생각은 언제나 이러한 하나의 사람에 대한 이해에 근거하고 있다. 키에르케고르(Kierkegaard)는 사람은 자기 자신과 관계하는 유일한 존재라고 했다. 사람이 다른 존재와 구별되는 것은 자기 자신을 문제 삼고 무의식적으로라도 자기 자신에 대한 이해를 갖는다는 것이다. 사람들은 그 것을 과학적인 말들로써 표현하고 정리할 수는 없어도 누구나 사람에 대한 하나의 이해를 가지고 있다.[10] 우리가 흔히 교육적으로 '사람을 만든다'고 하는데, 이런 말은 무의식적으로 사람을 기술자가 다루는 물체처럼 생각하는 특수한 이해를 전제로 한 것이다. '사람을 자라나게 한다'는 표현은 사람을 무의식적으로 식물에 비유해서 하는 말이다. 우리는 이와 같은 철학적 비판 이전의 사람에 대한 의식적인 혹은 무의식적인 이해들을 분석하고 비판해서 올바른 이해를 추구하려는 것이다. 여기에 우리 문제

---

10) Dilthey의 '삶은 이해이다'라는 명제에서 풀이한 것.

의 더 큰 뜻이 있다.

그리고 인류 역사에 나타난 여러 가지 문화와 모든 정신운동은 반드시 사람에 대한 특수한 이해에 근거하고 있었다. 모든 종교들과 모든 새로운 교육운동 그리고 모든 사회운동 등은 언제나 새로운 사람 이해를 기반으로 하고 발전했었다. 루터(Luther)의 종교개혁 운동이 그러하였고, 마르크스(Marx)의 사회혁명운동이 그러하였다. 루터에 의하면 사람은 자기 자신의 공적이나 수양을 통해서가 아니고 하나님의 은혜를 통해서만 구원받을 수 있는 죄인이며 따라서 순간순간마다 다시 거듭나야 하는 존재이다. 마르크스는 자본주의사회 안에서 완전히 자신의 본래의 모습을 잃어버린 소외된 인간이 다만 사회의 혁명을 통해서만 본래의 모습을 되찾을 수 있다고 했다. 전체적으로 보면 동양문화와 서양문화는 근본적으로 서로 다른 사람 이해를 기반으로 하고 있다. 서양문화는 자연으로부터 엄연히 구별되고 자연을 지배할 수 있는 이성적인 존재로서의 사람 이해를 기반으로 하고 있는 데 대해서 동양문화는 자연과 사람이 하나로 조화되는 것을 이상으로 하는 사상을 토대로 한 것이다. 그러므로 우리가 사람이 무엇이냐는 문제를 추구하는 것은 이러한 넓은 의미에 있어서도 큰 뜻이 있다.

3. 사람의 이성

사람과 그의 운명을 신화적으로 해석하지 아니하고 이성을 통해서 사람이 다른 동물과 구별이 된다는 것을 발견한 것은 희랍사람들이었다. 희랍사람들은 사람을 신들이나 혹은 동물이나 다른 자연물을 통해서 파악하려고 하지 아니하고, 사람 그 자신으로부터 파악하려고 했다. 사람을 다른 동물과 구별하는 것은 그의 정신적인 기능, 곧 이성이라는 것이다. 플라톤(Platon)에 의하면 이성(Logistikon)은 사람의 영혼의 가장 높은 부분이다. 아리스토텔레스(Aristoteles)나 스토아주의자들에게도 이는 마찬가지다. 따라서 사람은 자연으로부터 구별되며 자연에 대해서 더 높고 지배적인 위치를 가지고 있는 존재이다. 이와는 반대로 우리 동양에서는 예부터 사람은 다만 자연과 우주의 적은 부분에 지나지 않았다. 그렇기 때문에 우리들의 조상은 자연을 정복하고 이를 기술적으로 지배하려고 생각하지를 못했다. 그런데 희랍사람들에 의하면 이성은 영혼의 다른 부분들이나 혹은 외부의 어떤 힘이나 권위로부터도 영향을 받을 수 없는 자율성(自律性)을 가진 것이었다. 이성은 감각기능의 도움 없이 참다운 진리를 발견할 수 있는 유일한 기관이었다. 제논(Zenon)이 완전히 이론적인 근거에만 의존해서 "날아가는 화살은 움직이지 않는다"느니 혹은 "앞선 거북이를 뒤따르는 토끼가 따라잡지 못한다"는 것을 주장할 수 있던 것도 이성의 자율성을 믿었기 때문이다. 사람의 감각이나 경험이 반대하더라도 이론이 옳으면 진리라는 것이다. 희랍사람들은 '참(Aletheia)'과 이에 대한 '앎(Episthéme)'은 다만 이성을 통해서 얻어질 수 있는 것이며 감각들은 우리를 속인다고 했다.

희랍사람들은 감성적인 경험의 도움이 필요 없는 이론을 위한 이론, 그리고 실용적인 필요에 의존하지 않는 진리를 위한 진리를 추구한 첫번째 민족이었다. 서양문명의 특징이라고 할 수 있는 과학을 위한 과학은 이렇게 해서 희랍으로부터 시작된다. 애급(埃及, Egypt)의 기하학이나 동방의 점성학(占星學)은 모두 삶의 실용적인 목적을 위해서 발전한 것이었다. 자주 물이 넘치는 나일강가에 사는 애급사람들이 둑을 쌓기 위해서 기하학을 발전시킨 것이나, 지중해 동방에 사는 민족들이 그들의 생계를 위한 상업을 하느라고 바다를 건너다니면서 방향을 잡으려고 하늘의 별을 연구한것은 당연한 일이다. 그러나 희랍사람들에 의해서 처음으로 이론 분야가직접적인 실용으로부터 독립했다. 그들에 의하면 우리의 이성은 스스로의자율성을 가지고 있는 것이다.

그리고 또한 그들에 의하면 이성은 이론적인 자율성뿐만 아니라 행위를 위한 의지를 지배하는 데서도 자율적인 능력을 가졌다. 사람들은 그들의 행위를 결정할 때 대체적으로 옛날부터 이어받은 거룩한 전통에 의존한다. 이 거룩한 전통은 으레 정당한 것이어서 그것이 이성적인지 아닌지를 물을 필요가 없는 것이었다. 성서는 우리가 행위를 결정할 때 하나님의 명령에 절대 순종할 것을 요구한다. 하나님의 명령은 따라야 하는 것이지 사람의 이성이 비판할 수 있는 대상은 아니다. 그러나 희랍사람들은 거룩한 전통을 따르거나 하나님의 명령에 순종하는 대신에, 자기 자신의 이성의 소리에 귀를 기울이려고 했다. 그들은 이성을 이와 같이 신뢰하고 있었다. 이성이 착한 일이라고 알려 주는 것을 행하라는 것이다. 이러한 희랍사람들의 생각은 그 때에는 하나의 큰 혁명적인 생각이었다.

거룩한 전통이나 외부의 권위를 맹목적으로 따르지 않고 자기 자신의 이성에 의해서 생각하고 행동하는 사람이 비로소 독립된 인격을 가진 개인이라고 할 수 있다. 사람이 그의 이성에 의해서 생각하고 행동한다는 것은 그가 밖으로부터 명령을 받는 것이 아니고 안으로부터 들려오는 자기 자신의 소리에 귀를 기울인다는 것이다. 그러므로 이성적 윤리는 스스로 다스리는 자율적 윤리이다. 이와 같이 희랍사람들은 이성을 신뢰함으로써 자율적 윤리에 도달하였다. 그런데 사람이 전통이나 다른 권위에 얽매이지 아니하고 자신의 이성의 소리에 귀를 기울인다는 것은 개인의 인격의 높은 가치를 전제로 하고서만 할 수 있는 일이다. 개인의 인격을 존중한다는 것은 다시 그만큼 높은 문화의 수준을 나타내는 것이다.

이성은 이와 같이 자율적으로 우리의 생각을 전개시키고 우리의 행동을 지배하는 것이지만 그러나 희랍사람들에 의하면 우리의 마음을 이성이 독차지하고 있는 것은 아니다. 사람의 마음속에는 이성에 대립하는 힘들이 있다. 사실 우리의 생각을 전개시키고 우리의 행동을 결정하는 것은 이성만이 아니고 우리의 욕망과 감정이 함께 작용한다. 우리는 이 사실을 결코 가볍게 보아 넘겨서는 안 된다. 이 사실의 의미를 우리는 철학적으로 철저히 규명할 것이다. 여기에 대해서는 '이성의 몰락'에서 자세히 논할 것이다. 희랍사람들은 사람의 마음에는 이성에 대립되는 다른 힘들이 함께 있기는 해도 사람의 생각과 행동을 이끌어가는 것은 역시 이성이며 이성은 자율적이며 또한 가장 높은 그리고 가장 강한 힘이라는 것을 의심하지 않았다. 플라톤에 의하면 이성은 사람 마음의 가장 강한 힘이어서 모든 욕망을 지배하는 것이고, 스토아주의자들은 이성으로 감정을 억눌러야 한다고 했다. 아리스토텔레스도 사람의 영혼은 감정을 제거함으로써 깨끗해진다고 한다. 스토아주의자들에 의하면 이성은 자율적일 뿐만 아니라 독재적이다. 이성은 감정이나 혹은 어떠한 마음 안이나 밖의 조건들에도 의존함이 없이 독자적으로 사람의 생각과 행동을 결정한다.

희랍사람들이 사람을, 이성을 가진 특별한 뛰어난 존재로서 자연과 구별한 데 반해서 동양사람들은 예부터 자연과 사람을 포괄한 대우주를 하나의 법칙이 지배한다고 생각했다. 따라서 이미 말한 바와 같이 사람은 자연과 본질적으로 구별되는 존재가 아니고 오히려 사람과 자연의 우주적인 조화가 이상적이라고 생각했다. 사람은 대자연의 위대한 멜로디의 하나의 음향이었다. 그런데 우리가 여기에서 주목할 것은 희랍의 자연철학자들로부터 싹트기 시작해서 서양철학에 깊이 뿌리를 박은 소우주(Mikrokosmos)사상이다. 사람은 대우주(Makrokosmos)에 대해서 작은 우주라는 뜻이다. 희랍의 자연 철학자들은 사람과 자연을 포괄하는 전체적인 존재를 철학의 대상으로 생각하고 있었다. 이러한 사상은 피타고라스(Pytagoras)와 데모크리토스(Demokrit) 그리고 헤라클레이토스(Heraklit) 등에게서 분명히 찾아볼 수 있다. 희랍사람들에 의하면 우주는 합법칙적인 질서를 가지고 있었다. 플라톤은 그러한 합법칙적인 질서를 가진 존재는 스스로 영혼을 가진 존재라야 한다고 생각했다. 그래서 플라톤에 의하면 별들은 영혼을 가진 존재들이었다. 그렇지 않으면 어떻게 별들이 그 합법칙적인 궤도를 질서 있게 움직일 수 있겠는가라고 그는 생각한다. 그리고 헤라클레이토스에 의하면 이 우주 안에 있는 만물은 늘 나타나고 자라나고 사라지는 과정으로서의 변하는 것이지만, 이 나타나고 자라나고 사라지는 움직임이 따르는 '영원한 법칙'은 존재한다는 것이다. 스토아주의자들은 이 '영원한 법칙'도 영혼을 가진 것으로 생각하고 이를 '우주이성(Weltlogos)'이라고 했다. 사람의 이성은 이 우주이성이 축소된 것이라고들 믿었다.

희랍사람들의 이러한 사상은 몇 가지 중요한 뜻을 가졌다. 첫째로 사람의 이성과 우주이성과의 관계는 하나님이 사람을 그 모습대로 창조했다는 기독교의 교리와 연결되어서 서양정신사에서 특색 있는 인간관을 형성했다. 사람의 이성이 우주이성의 씨앗이라고 해도 그것은 사람이 자연의 아들이라는 것을 뜻하는 것이 아니고 하늘의 아들이라는 것을 뜻한다. 사람의 위치는 이렇게 해서 더 높아졌다. 둘째로 사람의 이성이 우주이성과 밀접한 관계를 가짐으로써 이성은 사람과 형이상의 세계를 연결하는 길이 되었다. 희랍사람들에 의하면 사람의 감각들은 현상의 세계를 연결하는 길이 되었다. 희랍사람들에 의하면 사람의 감각들은 현상의 세계를 지각하는 데 그치지만 사람의 이성은 보이지 아니하는 영원한 존재의 세계를 인식한다. 파르메니데스(Parmenides)가 말하는 불변하는 존재 세계나 플라톤이 말하는 이데아 세계는 이성에 의해서 도달할 수 있는 세계이다. 계몽주의 이후 유물적이고 기계적인 세계관에 의지한 이성과는 달리 희랍사람들이 생각한 이성은 사람과 형이상의 세계를 중개하는 통로였다. 셋째로 희랍사람들은 우주이성을 생각함으로써 자연과 세계가 합리적으로 형성되어 있다는 것을 알게 되었으며, 따라서 자연의 합리적인 법칙을 이성을 통해 발견하고 이를 이용하며 삶의 세계를 합리적으로 건설하려는 태도를 가질 수 있게 되었다. 사람만이 이성을 가진 것이 아니라, 이 우주가 송두리째 합리적으로 움직이고 있다는 희랍사람들의 생각은 오늘날의 합리주의적인 서양문명의 뿌리가 되었다.

사람이 이성적 존재라는 것, 그리고 이성이 사람의 마음에서 가장 높은 것이라는 것, 이러한 희랍사람들의 생각은 중세철학에서도 그대로 이어받아졌다. 중세철학자들이 사람의 영혼의 구원을 위해서 믿음을 강조하고, 사람이 하나님을 알기 위해선 자신을 나타내시는 하나님의 계시에 의존해야 한다는 것을 주장해도 그것이 사람의 이성을 낮게 평가하는 것은 아니다. 하나님의 계시를 받아들이는 믿음과 이성은 서로 반대되는 것이 아니고 서로 보충하는 것이었다. 사람의 이성이 형이상의 세계에 통하는 길이라는 희랍사람들의 생각은 여기서도 근본적으로 변한 것은 없다. 다만 여기서는 이성만으론 안 된다는 것이다. 사람의 이성은 역시 스스로 진리를 추구할 수 있는 자율성(Autonomie)을 가졌어도 이성만으로 충분하다는 자족성(Autarkie)은 갖지 못했다는 것이다. 중세철학자들의 이러한 태도는 결과적으로는 이성의 자족성뿐만 아니라 이성의 자율성까지도 필연적으로 침해하게 되었으며 따라서 중세기에서는 일반적으로는 이성보다도 객관적인 권위가 사람을 지배하게 되었다. 이런 의미에서 흔히 사람들이 중세기를 이성이 그 빛을 잃은 어두운 시대라고도 한다. 이렇게 중세기를 어두운 시대라고 한 것은 이성의 만능을 믿었던 계몽주의 이후 근세까지 할 수 있는 말이었지만 오늘날에 와서는 누구도 중세기를 단순한 암흑시대라고만 말하기는 어렵게 되었다. 왜냐하면 오늘날에 와서는 이성이 우리의 생각을 발전시키고 우리의 행동을 결정할 때 마음의 다른 힘들이나 혹은 삶의 여러 가지 조건들의 영향을 받지 않는다고 믿는 사람은 아주 적어졌기 때문이다. 윤리나 사상에서 이성의 자족성을 믿는 사람은 거의 없어졌다.

　어거스틴(Augustin)에 의하면 사람은 먼저 외부세계와 접촉하기 위해서 감각기능을 가지고 있다. 그리고 이 감각들을 받아들이는 지각이 있다. 감각은 밖에 있는 사물을 대상으로 하는데, 이 지각은 안으로 전달된 그 감각을 대상으로 한다. 그리고 다음으로 이성이 있다. 이성은 다시 지각과 이성 자신을 대상으로 한다. 이성은 이렇게 그 자신을 살피기 때문에 드디어 그는 사람의 이성 위에 더 높은 것이 있다는 것을 깨닫는다. 왜냐하면 사람의 이성은 바르게 판단하기도 하지만 때로는 잘못 판단하기도 하고, 그리고 앎을 추구하기도 하지만 또한 이를 게을리하기도 하기 때문이다. 사람의 이성은 완전하지 못한데, 그 이성이 지향하는 진리는 완전하다는 것이다. 어거스틴에 의하면 모든 진리의 원천으로서의 '참' 자체는 하나님이라고 한다. 이와 같이 이성은 사람에게 높고 값있는 것이지만 완전한 것은 아니다. 어거스틴은 다시 사람의 영혼을 기억(memoria)과 이성(intellectus)과 의지(voluntas)로 구별했다.

　그는 이성뿐만 아니라 이 의지를 중요하게 생각했는데, 그가 말하는 의지는 사람의 정서들, 특히 소망 속에 담겨 있는 것이다.

　토마스 아퀴나스(Thomas von Aquin)는 이성의 영역과 믿음의 영역을 엄격히 구별했다. 그러나 그는 계시에 의한 믿음이 이성에 반대되는 것이라고 생각하는 것은 아니고 다만 이성을 초월하는 것이라고 했다. 이성은 단독으로 믿음의 진리를 증명할 수 없다. 하나님의 계시를 인정하고 이 계시 내용에 대한 믿음을 전제하고서만 이성은 종교적인 진리를 깨달을 수 있다. 따라서 믿음의 영역에서는 의지가 이성보다 우위성(優位性)을 갖는다. 이렇게 어거스틴과 토마스 아퀴나스에게 사람의 의지가 높이 평가되는 것은 주목할 만한 사실이다. 왜냐하면 쇼펜하우어(Schopenhauer) 이후 많은 현대 철학자들이 사람의 의지를 이성보다 더 본질적인 것으로 생각하게 되기 때문이다. 토마스 아퀴나스는 다시 희랍사람들에 비해서 이성의 힘을 제한한다. 곧 그는 이성은 우리에게 앎을 가져오는 데 있어서 감각적인 지각을 전제로 한다고 말한다. 이성은 감각적인 경험을 토대로 해서 거기에서 추상적인 형상을 끌어낸다는 것이다. 이런 의미에서 토마스 아퀴나스는 근세 경험주의와 칸트철학의 선구자이다.

근세철학에서도 사람은 역시 철저히 이성적인 존재로 믿어졌다. 희랍의 플라톤에 의하면 사람의 이성은 영혼의 가장 높고 값있는 부분이었지만 근세의 데카르트에 의하면 사람의 영혼이 이성을 가진 것이 아니고 사람의 영혼이 바로 이성이었다. 데카르트는 사람의 영혼을 '의식'이라고 말했는데, 그가 의식이라는 것은 이성을 말한다. 이렇게 해서 데카르트는 근세 합리주의의 시조(始祖)가 되었다.

합리주의에 의하면 사람의 이성은 감성적인 경험에 의존하지 않고 합리적인 판단에 의해서 우리에게 참다운 앎을 가져올 수 있다. 경험에 의존하는 모든 판단은 보편성을 가질 수 없으며 따라서 상대적이다. 왜냐하면 우리는 모든 시대의 모든 사람의 경험을 남김 없이 분석할 수 없기 때문이다. 합리주의는 따라서 이성만을 신뢰하려고 한다.

이에 대해서 로크(John. Locke)는 사람의 앎은 모두 '경험'으로부터 출발한다고 했다. 그가 말하는 '경험'이라는 것은 물론 외부적인 감각적 지각만을 말하는 것이 아니고, 내면적인 반성적 지각(Reflekxion)도 함께 뜻한다. 이성은 다만 경험이 가져다주는 외부 세계와 내면세계에 대한 표상들을 받아들이고 이들을 서로 연결해서 우리의 앎을 완성한다. 로크는 이렇게 해서 영국 경험주의의 시조가 되었다. 경험주의는 합리주의에 비하면 사람의 이성의 능력을 제한한다. 사람의 이성은 나면서부터 어떤 표상들이나 법칙들을 갖고 있는 것이 아니고 사람의 모든 판단과 앎은 다만 경험에서 출발한다. 이와 같이 경험주의에서는 모든 앎이 경험으로부터 출발하지만 그러나 이성은 역시 앎을 완성하는 가장 높은 역할을 한다. 우리의 앎의 목표는 역시 이성을 통해서 이룩된다. 따라서 경험주의에서도 사람에게 가장 고귀한 것은 이성이라는 종래의 인간관에 변함은 없다.

이러한 경험주의 철학은 그대로 계몽주의(啓蒙主義)와 연결된다. 계몽주의는 사람의 이성을 존중하고 이를 높인다. 그러나 여기에서 분명히 나타나는 것은 희랍사람들이 생각하는 이성과 계몽주의가 존중하는 이성과는 그 성격이 다르다는 것이다.

희랍시대부터 계몽주의에 이르기까지 그 사이에 이성관이 점차 달라졌는데, 그것이 계몽주의에서 두드러지게 드러났다. 첫째로 희랍사람들에 의하면 사람의 감각은 현상의 세계를 지각하는 기관이고, 이성은 이데아의 세계를 알려주는 기관이었다. 그들은 현상의 세계와 이데아의 세계를 대립된 두 개의 세계로 생각했었다. 이러한 이원론(二元論)적인 세계관은 감각과 이성을 이원론적으로 분리시켰다. 그러나 중세의 철학자 토마스 아퀴나스는 벌써 분명히 앎을 가져오기 위한 감각과 이성의 협동을 말하고, 감각과 이성을 이원론적으로 생각하지 않았다. 계몽주의 시대에 들어와서는 우리의 앎의 대상으로서의 세계를 이원적으로 생각하지 않고 일원적으로 생각했기 때문에 감각과 이성은 전연 분리될 수 없는 것이 되었다. 현실 세계를 떠난 이데아의 세계는 생각할 수 없는 것이었다. 따라서 우리의 앎의 대상의 중점이 이데아의 세계로부터 현실의 세계로 옮겨졌다. 둘째로 이와 관련해서 또 하나의 변화가 있다. 희랍사람들에 의하면 사람의 이성은 영원한 이데아의 세계를 우리에게 알려주는 형이상학적인 기관이었는데, 이미 중세 철학자들은 사람의 이성을 완전한 형이상학적 기관으로는 생각하지 않았다. 하늘의 비밀은 이성만으론 알 수 없고 믿음에 의해서 완전히 밝혀지는 것이었다. 그런데 계몽주의에 의하면 사람의 이성은 전연 형이상학적 기관이 아니고 우리의 감각과 불가분으로 협동해서 이 현실의 세계를 알려 주는 기관이다. 이성은 이제 형이상의 세계와 통하는 길이 아니고 현실의 세계를 대상으로 한다. 계몽주의에 의하면 사람의 이성은 형이상학적인 문제를 거부한다. 이제 이성이란 분석하고 측량하고 계산하고 통계하고 이를 응용하는 기관이지 영원한 세계를 사색하는 기관은 아니라는 것이다.

계몽주의는 사람의 이성을 지극히 존중하면서도 희랍사람들과는 달리 이성의 형이상학적 기능을 거부했다. 그러므로 계몽주의 이후 사람들은 이성을 지극히 자랑하면서도 이 고귀한 이성을 통해서 사람은 다른 동물과 본질적.으로 구별된다고 주장할 근거를 잃어버렸다. 이렇게 해서 사람들은 이성을 자랑하면서도 이제 자기 자신들을 다른 동물과 마찬가지로 생물학적으로 관찰하게 되었다. 다시 말하자면 계몽주의는 사람의 이성을 지극히 존중하면서도 그것을 통해서 사람이 다른 동물과 구별되는 고유한 본질이 이성이라고 말할 수는 없게 되었다는 것이다. 계몽주의의 전통을 이어받은 현대인이 이성에 의한 합리적이고 기계적인 문명 속에서도 참다운 사람다움이 무엇인지 알지 못하는 것은 계몽주의의 이성관이 희랍사람들의 그것과 근본적으로 달라진 데 적어도 하나의 원인이 있다.

근세철학의 합리주의와 경험주의를 종합하고 계몽주의를 완성하면서 이를 극복한 사람이 독일의 철학자 칸트이다. 칸트에 의하면 우리의 앎은 경험주의에서와 마찬가지로 감각적 경험에서 출발한다. 그리고 우리의 앎은 우리의 감각적 경험이 미치는 데까지만 도달한다. 사람의 이성은 감각이 외부세계에서 받아들인 재료'를 정리해서 앎을 이룩한다. 그러나 이성은 주어진 재료를 정리하는 데 있어서 이성 자신이 이미 경험에 의존함이 없이 가지고 있는 법칙과 형식에 따른다. 따라서 이성의 판단은 칸트에 의하면 선험적(先驗的)이고 보편적이고 절대적이다. 이런 점에서 그는 역시 합리주의를 이어받은 철학자이다. 그러면서도 칸트는 우리의 앎에는 넘을 수 없는 한계선이 있다고 했다. 감각적인 경험이 미치는 곳, 다시 말하자면 현실세계에 대해서만 우리의 앎은 미친다. 형이상의 세계에 대한 과학은 칸트에 의하면 불가능하다. 그리고 칸트는 우리의 앎이 보편성과 절대성을 갖기 위해서는 수학의 모범을 따라야 된다고 했다. 이런 점에서 그는 확실히 계몽주의자이다. 그러나 칸트는 계몽주의에 머물러 있지 않았다. 그는 감각과 더불어 우리에게 앎을 가져오는 좁은 의미의 이성을 오성(Verstand)이라고 하고 이에 대해서 앎의 좁은 한계선 안에 머물러 있지 않은 넓은 의미의 이성을 구별했다. 이런 넓은 의미의 이성은 그 본질상 수학을 모범으로 하는 과학의 영역, 곧 감각적 경험이 미치는 영역 안에 머무르지 않고 이를 초월한다. 영원한 하나님과 불멸의 영혼 그리고 모든 앎의 대상들을 포괄하는 전체 세계의 통일성 이러한 우리의 경험을 초월한 이념들을 이성은 지향한다. 이러한 이념들은 물론 우리의 앎의 대상은 아니고 다만 우리의 믿음의 대상이다.

이렇게 믿음의 대상에 지나지 않았던 막연한 이성의 이념들이 칸트에 의하면 우리의 윤리적인 삶에서는 명확히 현실화한다. 왜냐하면 영원한 하나님과 불멸의 영혼과 전체 세계의 통일성은 우리의 윤리적 삶의 현실적인 큰 전제조건들이기 때문이다. 그 때문에 칸트는 우리에게 앎을 가져오는 이론이성(Theoretische Vernunft)에 대해서 우리의 행동을 결정하는 실천이성(Praktische Vernunft)의 우위성을 말한다. 그는 윤리에서 이 실천이성의 권위를 철저히 주장한다. 이성의 명령을 따르는 것만이 윤리적으로 착한 행동이다. 칸트가 오성과 이성을 구별하고 다시 실천이성의 우위성을 주장한 것은 참으로 주목할 만하다. 이렇게 해서 그는 계몽주의를 이어서 사람의 이성을 존중하면서 다시 계몽주의를 극복하고 이성의 전통적인 고귀한 위대성을 되찾았기 때문이다.

독일 관념철학의 완성자인 헤겔(Hegel)의 철학에서 이성은 아마 마지막으로 가장 높은 왕좌를 차지한다. 헤겔은 이성의 한계선을 설정하는 데도 우리의 앎의 영역과 믿음의 영역을 구별하는 데도 흥미가 없다. 그에 의하면 사람의 본질뿐만 아니라 우주의 본질이 이성이다. 그래서 헤겔은 이성적 인간학과 이성적 형이상학을 결합시킨다. 헤겔에 의하면 사람과 국가와 역사와 모든 문화와 그리고 절대자로서의 하나님까지도 소위 이성의 변증법 속에 포괄된다. 모든 이성적인 것은 현실적이고 모든 현실적인 것은 또한 이성적이라고 그는 말한다. 그에 의하면 이성이 변증법적으로 발전함에 따라서 인류의 역사도 그와 함께 변증법적으로 발전한다. 역사 위에 나타난 비이성적인 사실도 그는 '이성의 간계(List der Vernunft)'라고 이를 합리화했다. 역사적인 영웅이 그 개인적인 욕망을 위해서 큰 업적을 세웠다고 할지라도 우주적 이성은 이를 그 합리적인 목적에 이용한다는 것이다. 헤겔 철학에서 이성은 이와 같이 완전히 신격화되었다. 그러나 가장 높이 올라간 이성은 그 순간에 다시 몰락할 운명을 준비하고 있었다.

4. 이성의 몰락

헤겔이 아직 살아 있을 때, 같은 독일의 철학자 쇼펜하우어 (Schopenhauer)는 사람과 우주의 본질은 '이성'이 아니고 '의지'라고 주장했다. 이성은 다만 의지에 봉사하는 종이라는 것이다. 이성은 이렇게 왕의 자리에서 종의 자리로 몰락한다. 그런데 이성의 이러한 몰락은 사실은 가장 이성을 존중한다는 계몽주의 속에서 이미 싹트기 시작했다. 계몽주의를 통해서 넓게 퍼진 유물론에 의하면 이성은 다만 물질의 하나의 작용에 지나지 않는다. 그뿐만 아니라 사람을 생물학적으로 관찰하는 생물학자들은 이성을 다만 생물학적인 생명현상의 작용이라고 생각하고, 그것이 사람의 절대적인 본질이 될 수는 없고 다른 동물들에 비해서 정도의 차이를 가졌을 뿐이라고 주장하게 되었다. 다음으로 이성의 값이 떨어진 이유는 감성(感性)의 값이 반대로 올라간 데도 있다. 이미 말한 바와 같이 희랍사람들은 현상의 세계와 이데아의 세계를 분리해서 이원론적으로 생각했지만 이제는 현실세계 속에서 그 의미와 뜻과 값을 찾으려고 하게 되었다. 그러므로 이 현실의 세계를 직접 감지(感知)하는 감성의 값이 높이 평가되게 되었다. 그 밖에도 이성의 값이 떨어진 이유는 심리학적 분석과 비판에도 있다. 우리의 마음속에서 정말 이성이 가장 고귀한 것이고 또한 우리의 생각과 행동을 이끌어가는 데 있어서 가장 강한 힘을 가졌느냐는 것을 심리적으로 분석하고 비판하게 되었다. 이성보다 더 근본적인 뿌리가 우리의 마음속에는 있지 않느냐는 것이다.

철학자로서 헤겔의 이성에 대해서 의지를 내세워 맞선 사람은 쇼펜 하우어이지만 이에 앞서 이미 괴테(Goethe)와 그 시대의 낭만주의자들은 사람의 감성을 이성보다 더 값있는 것이라고 생각했었다. 괴테에 의하면 이성적인 생각보다는 감성적인 느낌이 더 풍부하고 깊은 앎을 우리에게 가져다준다. 그러므로 괴테에 의하면 이성보다 감성이 더 고귀한 것이고, 추상적인 이론을 추구하는 철학자보다 구체적인 현상을 느끼는 시인이 더 완전한 사람이다. 따라서 괴테 시대의 사람들은 철학이나 과학에 대해서보다 예술과 역사에 대해서 더 흥미를 가졌다. 예술이 구체적이고 개성적인 표상을 다루는 것과 같이 역사도 구체적이고 개성적인 사실을 다루기 때문이다. 괴테에 의하면 예술가들과 역사가들이 가난한 이성의 대표자들보다도 더 깊은 우주의 비밀을 캐낸다는 것이다.

괴테와 그 시대의 낭만주의자들이 반대한 이성은 추상적인 이론을 추구하는 사변적인 이성뿐만 아니라 분석하고 측량하고 계산하는 이성 곧 대상을 기계적으로 다루어서 이를 기술적으로 지배하려는 자연과학적인 이성을 말한다. 이러한 이성이 생각하는 대상은 신비도 비밀도 의미도 없는 기계적인 자연이다. 그러나 우리의 세계는 그렇게 메마르고 그렇게 생명이 없고 그렇게 가난하고 불쌍한 세계는 아니라고 괴테는 말한다.[11] 우리 세계의 참다운 숨은 깊이를 알기 위해서는 이성만 가지고는 안 되고 우리의 마음의 모든 능력과 모든 감정을 동원해서 전인적(全人的)으로 이에 접근해야 한다. 우리 세계의 깊이는 우리의 마음의 깊이에 대해서만 스스로를 밝힌다. 사람의 감정은 결코 주관적인 심리상태에 지나지 않는 것이 아니고 세계의 속을 비쳐보는 능력을 가졌다. 세계의 깊은 속은 사람에게 이성을 통해서 '알려'지는 것이 아니고, 마음 전체를 통해서 '느껴'진다. 계몽주의의 전통을 받은 현대인은 옛날의 원시인들을 업신여기지만 그들은 현대인의 이성보다 더 날카롭고 놀라운 '느낌'을 갖고 있었다. 그들은 아름다운 꿈과 신비스러운 체험과 사회적인 상징을 통해서 이 세계의 비밀과 우주의 근원에 더 접근하고 있었다고 낭만주의자들은 부러워한다. 희랍사람들에 의하면 감각적 지각은 현상세계를 대상으로 하는 것이고 이성은 형이상학적 기관이었는데, 괴테시대의 낭만주의자들에 의하면 반대로 이성은 기계적인 자연현상을 대상으로 하는 것이고 감성이야 말로 우주의 근원으로 통하는 형이상학적 기관이다. 물론 여기서는

---

11) Holbach의 *Systéme de la nature* 에 대해서

'형이상학적'이라고 해도 현실에서 분리된 형이상의 세계를 이론적으로 전제하는 것은 아니다.

괴테는 이성보다 감성을 더 존중했을 뿐만 아니라 또한 '무의식(無意識)'의 심층을 더 값있게 여겼다. 감정이나 의지는 아직 이성과 더불어 우리 의식의 일부이지만 이제 우리의 의식 전체보다 더 깊은 무의식층을 높이 평가하게 되었다. 이 '무의식'이라는 말은 라이프니츠(Leibniz)에서 처음으로 나타나기 시작했는데, 라이프니츠에 의하면 무의식은 다만 의식이 나타나기 이전의 부정적인 단계이고 어떤 긍정적인 존재는 아니었다. 그러므로 무의식은 의식에 도달하는 것을 목적으로 하는 것이었다. 쉘링(Schelling)과 헤겔도 역사와 자연을 의식적으로 섭리하는 하나님의 창작으로 생각하지 아니하고 무의식적으로 나타나는 '세계이성'의 표현이라고 생각했지만, 그러나 이 자연과 역사가 지향하는 목표는 역시 가장 밝은 의식상태[12]이다. 따라서 역사의 목표는 정신적이고 이성적으로 뛰어난 사람들에 의해서 달성된다.

그러나 낭만주의자들에 의하면 사람의 마음에서 무의식의 심층(深層)이 표면적인 의식보다도 더 근본적이고 더 값있고 참된 것이다. 의식은 깊은 생명력의 흐름에서 단절되어 있기 때문에 언제나 피상적(皮相的)이고 그가 나타내는 것은 참된 것이 아니고 언제나 얕은 꾸밈에 지나지 않는다.

---

12) Hegel이 Selbstbewuβtsein라고 말하는 것.

위대한 창조는 언제나 무의식의 깊이에서 튀어나온다. 그러므로 헤르더 (Herder)는 참으로 위대한 노래는 민요라고 했다. 왜냐하면 민요는 민중 속에서 자연적으로 발생해서 그들의 삶을 꾸밈없이 반영하는 것인데, 민중은 대체로 무의식의 흐름에 따라서 살아가기 때문이다. 낭만주의자들에 의하면 사람은 이렇게 무의식의 깊이를 통해서 창조적인 생명력과 접촉하기 때문에 우리는 거기에서 모든 참다운 것을 알 수 있을 뿐만 아니라 거기에서 모든 위대한 것을 창조할 수도 있다는 것이다. 우리는 여기에서 전통적으로 내려온 이성적 인간관과는 전연 다른 새로운 인간관을 발견한다. 사람에게 있어서 고귀한 것은 이성이나 혹은 의식에 있는 것이 아니고 무의식의 깊이에 있다는 것이다. 이러한 낭만주의자들의 사상은 그 뒤를 따른 합리주의로 인해서 후퇴했으나 프로이드(Freud)로부터 시작된 현대 심층심리학에 의해서 다시 이어받아졌다.

괴테와 그 시대의 낭만주의자들의 주장이 아무리 두드러진 특징을 가졌다 할지라도 그것은 서양정신사에 나타난 하나의 경향에 지나지 않았다. 그런데 이제 서양철학사에서 중요한 위치를 차지하고, 그러면서 현대 철학에 직접적인 영향을 준 철학자로서 사람의 본질이 이성이라는 인간관에 반대한 사람이 바로 쇼펜하우어이다. 그는 세계와 사람의 본질은 이성이 아니고 의지라고 말했다.13) 이러한 헤겔의 이성과 쇼펜하우어의 의지

---

13) 그 건에도 Augustin, Gabirel, Duns Scotus, Maine de Birans 등이 있다.

의 대립은 우리 동양철학에 나타난 이(理)와 기(氣)의 대립을 생각나게 한다. 이성과 이(理) 그리고 의지와 기(氣)는 서로 다른 철학적 전통에서 나타난 서로 다른 뜻을 가진 말들이지만, 사람과 우주의 본질에 대한 이해의 이러한 이원적인 대립은 흥미 있는 대조가 된다.

쇼펜하우어에 의하면 사람의 삶을 이끌어가는 힘은 이성이 아니고 의지이다. 우리가 여기에서 삶이라고 하는 것은 생각과 행동을 포함한 사람의 전체적인 존재현상을 말한다. 이러한 삶에의 의지는 그 자신만으로는 맹목적이기 때문에 그의 길을 비추기 위해서 그를 돕는 종으로서의 이성을 기른다는 것이다. 이성은 맹목적인 삶에의 의지에게 목표로서의 표상들을 보여준다. 그런데 이 표상들은 사실 실존하지 않는 환상들에 지나지 않는다. 따라서 이성의 목적은 참다운 진리를 알려는 것이라기보다는 환상을 만들어 내고 속임을 꾸미는 것이라고 쇼펜하우어는 주장한다. 우리의 마음속에서 우리의 삶을 지배하고 있는 것은 합리적인 이성이냐 혹은 맹목적인 의지이냐? 쇼펜하우어에 의하면 그것은 이성이 아니고 의지다. 의지는 이성보다 더 강한 힘을 가졌을 뿐만 아니라 더 본원적(本源的)이고 더 본질적이다. 쇼펜하우어는 이러한 그의 주장을 통해서 현대 사상에 크게 영향한다. 마르크스와 니체 그리고 프로이드는 이런 의미에서 그의 충실한 제자들이다.

쇼펜하우어가 헤겔의 철학에 반대한 것처럼 마르크스도 헤겔과의 대립에서 그의 철학의 본질을 분명히 드러낸다. 마르크스는 말하기를 헤겔에 의하면 의식이 존재를 결정하지만 사실은 반대로 존재가 의식을 결정하는 것이다. 헤겔에 의하면 이성이 사람과 세계 전체를 움직이고 지배하는 원동력이기 때문에 의식의 변증법적 발전에 따라서 인류의 역사도 그와 함께 변증법적으로 발전한다. 그러나 마르크스에 의하면 역사적인 사회 현실이 사람의 의식을 결정하고 지배한다. 따라서 사회 현실이 변화하는 데 따라 사람의 의식도 변화한다. 사람의 생각이 현실을 지배하는 것이 아니고 현실이 사람의 생각을 지배한다는 뜻이다. 여기에서 우리가 현실이라고 한 것을 마르크스는 철학적으로 존재(Sein)라는 말로써 표현했다. 그가 존재라는 말로써 표현한 현실은 더 정확히 말하면 경제적인 생산관계를 뜻하는 것이다. 경제적인 생산관계의 변천에 따라서 이성을 포함한 사람의 의식구조가 변천한다는 것이다.

쇼펜하우어와 마르크스를 비교해 보면 재미있는 대조를 이룬다. 의식이 존재를 결정하는 것이 아니고, 존재가 의식을 결정한다는 기본 명제에 있어서 두 사람은 공통적이다. 근본적이고 본질적인 하부구조(下部構造)로서의 존재 위에, 이에 따라서 결정되는 상부 구조로서의 의식이 있다는 사상이다. 그러나 의식을 결정하는 하부 구조로서의 존재가 무엇이냐는 문제에 대해서 쇼펜하우어는 개인적으로 그리고 심리적으로 관찰했고, 마르크스는 사회적으로, 그리고 역사적으로 관찰했다. 쇼펜하우어는 이성이 의지를 위해서 만들어내는 표상들을 환상(Illusionen)들이 라고 했는데, 마르크스에 의한 모든 의식현상들, 곧 지금까지의 예술이나 종교나 철학은 다만 '이데올로기(ideologien)'에 지나지 않는다.[14] 이러한 이데올로기들은 그 속에 진리가 있는 것이 아니고 다만 하부구조의 소산으로서 지배계급의 사회적인 정치적인 이익을 정당화하고 신성화하는 것을 목적으로 한다. 마르크스에 의하면 문화의 모든 창조는 다만 사회적이고 경제적인 현실의 표현이다. 따라서 철학자는 스스로 객관적인 진리를 추구한다고 생각해도 사실은 언제나 그의 입을 통해서 그의 계급 본능이 말을 한다는 것이다. 이렇게 사람의 모든 이성적인 인식 생산물은 공중누각(空中樓閣)처럼 그 자체로서는 참된 것이 아니고 다만 그를 밑받침하고 있는 하부구조를 위해서 있는 것이다. 마르크스는 자기는 이 세계를 인식하려고 하는 것이 아니고 이 세계를 변화시키려고 한다고 했다. 그에 의하면 앎은 삶에 의존하고 이에 따라서 지배되기 때문이다.

그러나 이 문제는 그렇게 간단하지는 않다. 서양철학의 전통적인 진리관에 의하면 이성은 어떠한 삶의 조건이나 혹은 삶의 주체로부터의 영향 없이 진리를 객관적으로 추구해야 한다. 그러나 쇼펜하우어와 마르크스에 의하면 이성은 소위 하부구조에 의해서 지배되기 때문에 다만 환상들(Illusionen)과 이데올로기(Iedologie)들만을 가져온다. 그런데 쇼펜하우어와 마르크스는 다시 그러한 하부구조에 의해서 지배되는 이성에 대해서 이와는 다른 참다운 이성, 곧 삶의 조건들을 초월한 이성이 있다고 가르친

---

14) Marx가 이런 의미에서 사용한 Ideologie라는 말은 지금은 다른 의미에서 사용되고 있다.

다. 다시 말하면 그들은 두 가지 종류의 이성을 구별했다.[15) 이 두 가지 종류의 이성을 구별할 때 쇼펜하우어와 마르크스는 서로 생각을 달리 한다. 쇼펜하우어에 의하면 이성은 본래 의지에 비해서 비본질적인 것이고 약한 것이기 때문에 의지의 지배를 받고 이에 환상을 보여 주는 일을 하지만 다만 위대한 천재와 성인(聖人)의 이성은 의지의 지배를 벗어나서 삶을 초월한 순수한 '우주이성(Weltlogos)'이 된다. 이 우주이성으로 천재와 성인들은 마야(Maya)의 면사포를 꿰뚫고 형이상의 세계를 바라본다는 것이다. 그러므로 모든 위대한 예술과 종교와 철학은 쇼펜하우어에 의하면 의지로부터 해방된 참다운 이성의 표현들이다. 이러한 천재와 성인은 이상적인 모습이기 때문에 그는 사람을 형이상학적 동물(animal metaphysicum)이라고 했다. 마르크스에 의하면 본래의 이성은 지배계급을 대변하거나 하부구조에 의존하는 이데올로기들만을 생산하는 것은 아니다. 그것은 계급이 있는 잘못된 사회구조가 이성을 그렇게 강요하기 때문이다. 계급이 없는 올바른 사회가 실현되면 이성은 사회적이고 경제적인 지배계급의 위치를 변호할 필요가 없기 때문에 참된 진리를 추구하게 될 것이다. 따라서 사회혁명을 통해서 이성은 자유를 얻고 이데올로기들의 시대는 가고 진리의 시대가 온다고 한다. 이렇게 해서 쇼펜하우어와 마르크스는 의식이 존재를 결정하는 것이 아니고 존재가 의식을 결정한다는 그들의 기본 명제

---

15) Aristoteles도 '실용이성'과 진리를 위한 '자율이성'을 구별했다.

와 고전적인 이성관을 불철저하게 배합시켰다.

두 사람 중에 마르크스가 더 고전적인 전통에 얽매어 있다. 그에 의하면 이성이 하부구조에 의해서 지배되는 것은 잘못된 사회구조에 억압된 상태 때문이다. 본래의 모습대로의 이성은 자율적으로 진리를 추구하는 것이다. 쇼펜하우어에 의하면 이성은 근본적으로 의지에 봉사하는 기관이다. 이성이 진리를 추구하고 형이상의 세계를 직관할 수 있다면 그것은 다만 이성 자신의 본래의 성격으로부터의 전환을 통해서 이룩된다. 그럼에도 쇼펜하우어의 철학에 고전적인 이성관의 꼬리가 남아 있다면 그것은 그가 자기의 기본 명제에 불철저한 결과이다. 그는 의지가 이성보다 본질적인 것이고 우리에게 더 지배적인 힘이라고 해서 이성적 인간관과는 다른 새로운 인간관을 창조하면서 다시 천재와 성인들의 이성은 의지로부터 해방되어 참다운 진리를 추구한다고 했다. 이러한 앞뒤의 모순은 그가 새로운 인간관을 말하면서도 고전적인 이성관과 진리관을 전복시킬 용기를 갖지 못했다는 것을 보여주는 것이다.

니체는 쇼펜하우어의 제자로서 그의 새로운 인간관을 이어받아 이를 자기의 철학에서 끝까지 철저히 주장한 사람이다. 니체에 의하면 사람은 인식(認識)을 위한 이성적 존재가 아니고 삶을 위한 의지에 의해서 움직이는 존재이다. 삶은 어떤 초월적인 목적을 가지고 있는 것이 아니고 삶 자신의 목적이다. 삶을 더 높은 힘과 더 높은 아름다움으로 상승(上昇)시켜야 한다고 니체는 말한다. 이성은 다만 이러한 삶에의 의지에 봉사해야 하는 기관이며, 그것은 결코 삶에의 의지에 앞서는 것이 아니고 삶 속에서 스스로 발전하는 보조기관[16]에 지나지 않는다 그러므로 삶에의 의지를 떠난 인식도 진리도 없다. 우리의 이성이 이렇게 삶에의 의지에 봉사하는 것이 며 또한 삶 속에 있는 것이며 삶에 얽혀 있다는 사실은 결코 진리를 인식하는 데 방해가 되지 않는다. 왜냐하면 삶은 진리의 인식을 위해서 자극을 주고 또한 이성을 위해서 새로운 과제들을 제공하기 때문이다. 그리고 또한 진리도 니체에 의하면 다만 삶을 위해서 있는 것이다. 이렇게 해서 니체는 사람을 이성적 존재라는 인간관을 철저히 반대한다. 그는 독특한 격렬한 표현으로 다음과 같이 말한다.

사람이 이성적인 존재라고? 그것은 미친 놈의 소리다. 사람은 결코 싸늘한 인식의 악마는 아니다. 우리는 웃고 춤추면서 이성의 그물을 찢어버려야 한다. 삶의 목적은 더욱 높은 아름다움과 힘으로 솟아오르는 것이다. 니체가 이렇게 말하는 것은 사람의 이성적인 인식은 언제나 삶을 높이 솟아오르게 하지 못할 뿐만 아니라 오히려 너무 많은 앎은 삶을 마비시킨다고 생각하기 때문이다. 우리는 모르는 것이 아는 것보다 많은데, 우리는 다 모르는 것을 기뻐해야 한다. 왜냐하면 착오(錯誤) 그것이 삶이기 때문이다. 무엇이든지 다 아는 것이 좋은 것이 아니고 삶을 힘과 아름다움으로 상승시킬 수 있는 앎이 참다운 앎이다. 삶의 주체적인 영향을 벗어난 자

---

16) Ein sich allmählich entwickelndes Hilfsorgan.

율적인 이성에 의한 객관적인 진리를 말하는 고전적인 진리관과 이성관은 여기에선 그림자도 찾아볼 수 없다.

쇼펜하우어에 의하면 삶에의 맹목적인 의지가 사람의 마음속에서 지배적인 힘을 가졌다면, 마르크스에 의하면 경제적인 소유에의 의지(Wille zum Besitz)가 사회적인 존재인 사람을 이끌어가고, 니체에 의하면 힘에의 의지(Wille zur Macht)가 삶에 있어서 근원적인 것이다. 그런데 여기 또 하나 사람과 그의 삶을 이끌어가는 근본적인 본능으로서의 성(性)에의 무의식적인 의지를 말하는 사람이 있는데, 그는 심층 심리학의 창시자 프로이드이다. 프로이드에 의하면 그가 말하는 성적인 본능, 곧 리비도(Libido)가 사람의 삶을 움직이는 근본적인 원동력이다. 우리들의 이성적인 앎에의 욕구는 다만 리비도의 하나의 가지에 지나지 않는다. 그런데 프로이드는 모든 리비도가 언제나 우리에게 의식되는 것이 아니고 대부분은 무의식의 깊이 속에 도사리고 있다고 한다. 특히 우리의 문화가 사람의 본능을 제한할 때 그 억제된 본능은 무의식 속에 숨어들어 간다.

이렇게 해서 무의식 속에 숨어 있는 리비도가 다른 승화(昇華)된 모습으로 나타나는 것이 예술이며 종교이며 철학이다. 무의식 속에 숨어 있는 리비도는 따라서 우리의 삶을 지배하는 근본적인 힘이다. 이성을 포함한 사람의 의식은 이러한 더 근본적이고 더 강한 힘을 가진 무의식에 의존한다. 프로이드에 의하면 의식의 세계는 비본래적인 가식(假飾)의 세계이고, 무의식의 세계는 본래적인 질서의 세계이다.

그러나 프로이드는 무의식의 세계를 괴테시대의 낭만주의자들처럼 찬양하고 그것을 값있는 세계라고 주장하지는 않았다. 그는 의사로서 이 무의식 속에 숨어 있는 진실을 의식에 드러냄으로써 여러 가지 정신적인 병들을 치료하려고 했다.

프로이드에 의해서 종래의 이성적인 인간관은 참으로 결정적인 타격을 받는다. 그에게는 무의식의 심층이 더 본원적이고 더 강한 힘을 가졌을 뿐만 아니라 의식의 기원(起源)은 무의식층이다. 사람의 모든 의식현상은 그 뒤에 숨어 있는 리비도의 승화된 현상이라는 것이다. 과거에는 사람의 의식 속에서 의지나 감성이 이성보다 더 본질적이라고 주장되었고, 의지나 감성이 이성보다 더 강한 힘이라 하고 또한 의지가 이성을 발전시킨다고 해도 역시 감성 또는 의지에 대해서 이성은 질적(質的)으로 다른 기관이었다. 그러나 프로이드에 의하면 의식현상 전체가 바로 리비도가 승화된 것이다. 그리고 종래 감성이나 의지가 이성보다 존중되었다 할지라도 그것들은 모두 의식될 수 있는 것이었지만, 리비도는 무의식의 심층에 숨어 있으므로 더욱 크고 강하고 근본적인 것으로 믿어진다. 이런 이유로 인해서 프로이드의 심층 심리학은 사람의 성질을 더듬는 인간학을 위해서 하나의 새로운 영역을 열어준다.

5. 이성의 회복

진리를 위한 진리, 삶의 주체적인 영향을 벗어나서 그러한 객관적인 진리를 추구하는 자율적인 이성, 그리고 그러한 이성을 선험적(先驗的)으로 가진 이성적 존재로서의 사람, 이와 같은 고전적인 진리관과 이성관과 인간관은 현대철학에서 전체적으로 동요하게 되었다. 영미(英美)세계에 오늘날도 널리 퍼져 있는 실용주의(pragmatism)는 그러한 고전적인 진리관과 인간관에 반대되는 생각을 갖고 있다. 진리를 위한 진리나 삶을 떠난 객관적인 진리는 다만 환상에 지나지 않는다. 삶을 위해서 유용한 것이 진리라는 생각에서 실용주의는 니체의 진리관과 일치된다. 다만 여기에서 삶을 위해서 '유용'하다는 것을 너무 실증적이고 물질적으로 좁게 이해하지 말아야 한다. 그리고 이성은 하늘로부터 내려온 것이 아니라 삶 안에서 점점 자라나는 삶의 보조기관이다. 이성은 삶 위에 있는 것이 아니고 삶 속에 있어서 이에 봉사한다. 이성은 앎을 과제로 하지만 삶을 떠난 앎이 아니고 삶을 위한 앎이다. 사람은 앎을 위해서 있는 것이 아니고 사람은 살기 위한 존재이다. 따라서 사람은 생각하는 존재(homo sapiens)라기보다는 살기 위해서 일하는 존재(homo faber)이다. 생각하기 위해서 생각하는 것이 아니고 살기 위해서 생각한다.

현대철학의 비이성적인 인간관은 그대로 실존주의에 의해서도 이어받아졌다. 데카르트는 "나는 생각한다. 그러므로 나는 존재한다"라고 해서 이성을 존재보다 앞세웠다. 이성이 존재보다 더 근본적이었다. 그러나 실존주의에 의하면 사람의 존재, 곧 실존이 모든 것보다 앞선다. 실존은 가장 근본적이고 가장 최종적인 현실이다. 이러한 최종적인 현실로서의 실존은 이성이 도달할 수 없는 부조리(不條理)한 존재 현실이며 역설적(逆說的)인 존재 현실이다. 그러므로 실존은 이성을 통해서 인식되는 것이 아니고, 불안의 정조(情調)를 통해서 체험될 수 있는 것이다. 지금까지 사람들은 불안을 삶의 외부적인 혹은 내부적인 불완전한 조건들에 의해서 생겨나는 부정적인 것으로서 그 불완전한 조건의 개선을 통해서 회피할 수 있는 것으로 생각했다. 그러나 실존주의에 의하면 불안은 부조리하고 역설적인 존재인 실존에 본질적으로 뿌리 깊이 박혀 있는 것이다. 따라서 우리는 불안의 정조를 통해서 사람의 존재현상의 핵심인 실존에 도달할 수 있다. 여기서 실존주의가 말하는 정조(情調)는 낭만주의가 말하는 감정과는 다른 의미를 가지고 있다. 감정은 주관적인 성격의 것이지만 정조는 주관과 객관의 대립을 초월하고, 주관과 객관을 포괄하는 하나의 전체적인 현상을 물들이고 있는 것을 말한다. 따라서 실존주의가 말하는 불안은 나의 주관적인 감정상태를 말하는 것이 아니고, 나와 나의 삶의 세계를 포괄하는 주체성(主體性)의 세계를 물들이고 있는 정조를 말한다.

그러나 하여튼 실존주의가 말하는 불안의 정조는 이성적인 것은 아니고 정서적인 현상임에는 틀림없다. 사람은 이 불안의 정조 속에서 의지하고 붙들 것을 찾아서 그의 관심을 안으로 안으로 돌린다. 이러한 사람은 필연적으로 그의 삶의 세계에서 고립되게 된다. 고립되게 될 뿐만 아니라 삶의 정상적인 관계구조, 곧 사람과 사람, 사람과 사회, 사람과 전통의 관계구조에서 분리됨으로써 삶의 세계에 정상적으로 발붙일 위치를 갖지 못한다. 이렇게 해서 실존주의가 그려내는 사람의 모습은 불안하고 고립되고 집 없는 나그네와 같은 존재이다. 이렇게 실존주의는 현대철학의 비이성주의적(非理性主義的) 경향이 가져온 가장 쓴 열매이다.

우리가 지금까지 살펴본 현대철학에서의 비이성주의를 반성하고 이를 극복하는 것이 현대철학의 가장 절실한 과제이다. 우리가 여기에서 마지막으로 실용주의와 실존주의를 살펴본 것은 이 두 철학은 고전적인 이성관과 인간관을 가장 철저히 뒤엎었지만, 실용주의는 그 자체 속에서, 실존주의는 그를 넘어가는 몇 사람의 대표적인 실존철학자를 통해서 비이성주의를 극복하고 새로운 의미에서 이성을 복귀시키는 어려운 과제를 위한 실마리를 보여주고 있기 때문이다. 근세철학은 이상의 등불을 높이 쳐들고 있었는데, 이 높은 이상이 현실과 점점 멀어지자 현대철학은 그 이상의 면사포를 찢어버리고 발가벗은 진실을 폭로하려고 했다. 쇼펜하우어로부터 프로이드 그리고 실존주의에 이르기까지 이상이라는 가면(假面)을 벗기고 거짓 없는 진실을 폭로했다. 그러나 이제 이러한 폭로에 지친 현대철학은 다시 이상을 바라보는 것이 현명하다는 것을 깨닫고 불안과 어둠 속에서 질서와 빛을 그리워한다. 그러나 인류의 정신사(精神史)가 이룩한 업적과 걸어온 길은 그대로 되돌릴 수 없기 때문에 여기에는 역시 간단하게 처리할 수 없는 어려운 문제가 있다. 지금까지의 철학과 심리학과 생물학 그리고 사회학 등 사람에 관한 모든 과학들의 업적들을 소중히 이어받으면서 새로운 의미에서 이성을 복귀시키는 어려운 과제를 위해서 현대철학은 그 작업을 계속해야 할 것이다.

쇼펜하우어가 말한 맹목적인 의지나, 프로이드가 말하는 리비도가 사람을 끌고 가는 지배적인 힘이라는 것이 거짓 없는 사실이라 할지라도 철학은 그러한 진실의 폭로에 그칠 수 없을 것이다. 사람이 이성을 업신여기면서 맹목적인 의지와 리비도에게 자신을 맡겨 버려도 좋다는 말인가? 니체의 디오니소스적인 정열과 도취(陶醉)가 삶의 상승을 가져온다 할지라도 우리는 우리의 삶을 언제까지나 정열적인 모험주의(冒險主義)에 내던져 버릴 수 는 없다. 야스퍼스가 말한 바와 같이 만약 우리가 결정적으로 이성을 포기하면 철학도 포기해야 할 것이다. 왜냐하면 철학은 '생각하는 학문'이기 때문이다. 생각하는 학문이라는 것은 이성에 의한 그리고 이성을 목표로 한 학문이다. 특히 서양철학은 그 원초적인 모습에서 이성의 학문이다. 그러나 우리는 이제 다시 고전적인 의미에서의 자율적인 이성을 인정할 수는 없다. 이성과 삶의 관계는 그동안의 철학과 심리학과 생물학 등의 연구업적을 살려서 다시 불가분의 얽힘으로 파악되어야 한다.

실존철학을 비판적으로 다루어 오던 볼노오(Bollnow)는 일찍부터 이성의 회복이라는 문제에 큰 관심을 가지고 있었다. 그는 먼저 실존주의가 그려내는 인간상(人間像)이 불안하고 외롭고 이 낯설은 세계에서 나그네와 같은 존재라는 데 착안(着眼)한다. 이러한 불안하고 외로운 사람이 삶의 세계에 착실하게 발을 붙이기 위해서는 먼저 집(das Haus)이 필요하다고 그는 생각한다. 실존철학이 가르치는 사람의 절대적인 내면세계와 낯설은 외부세계는 사람의 삶의 보금자리로서의 집을 통해서 비로소 연결된다. 외롭고 불안한 실존이 집을 통해서 삶의 세계와 결부된다는 것이다. 실존주의에 의하면 외부세계는 낯설은 세계일뿐만 아니라 사람이 마음대로 지배할 수 없는 숙명적인 세계이고 위협적인 세계였다. 그러므로 실존주의에 의하면 사람은 그의 내면세계에서 절대적이고 최종적인 피난처를 구한다는 것이다. 이러한 내면세계와 외부세계의 단절된 대립은 삶을 불가능하게 한다. 그런데 집은 이러한 내면세계와 외부세계의 대립을 극복하는 삶의 교두보(橋頭堡)라는 것이다. 집은 사람에게 낯설은 곳이 아니며 숙명적이고 위협적인 세계도 아니다. 정상적으로는 집은 친숙하고 안정된 보금자리로서 삶의 근거지이다. 이런 의미에서 집의 현상은 인간학적인 의미를 갖는다.

볼노오가 여기에서 '집'을 삶의 하나의 구체적인 현상으로 선택해서 그 철학적인 의미를 드러내려는 것은, 그것이 삶의 질서(Lebensordnung)와 삶의 형성(Lebensgestaltung)의 가장 단순하고 뚜렷한 상징(象徵)이기 때문이다. 집은 이 낯설고 숙명적이고 불안한 세계 속에 있는 질서와 안정의 영역이다. 사람의 삶은 근본적으로는 낯설은 세계에 도전해서 집을 짓고, 이를 근거로 해서 마을과 도시를 만들고, 이를 더욱 넓혀서 삶의 세계를 형성하는 것을 말한다. 그런데 집을 짓는다는 것, 도시를 만든다는 것, 세계를 형성한다는 것은 질서의 영역을 점점 넓히는 것을 말하는 것인데, 이는 이성적인 행동을 통해서만 이룩된다. 삶을 건설한다는 것은 이성을 통해서만 가능하고, 이성이 지배하는 곳에만 질서는 형성되는 것이라고 볼노오는 말한다.

그러나 여기에서 우리가 느끼는 것은 볼노오가 말하고 있는 이성이 우리가 보통 계몽주의적인 전통에서 알고 있는 이성과는 다른 의미를 가졌다는 것이다. 삶의 질서를 형성한 책임을 가진 이성이라고 할 때, 그것은 분석하고 계산하고 그리고 기계를 만들고 하는 합리주의적인 이성만 말하는 것도 아니고 가공적인 사변(思辨)을 하는 관념주의적인 이성을 말하는 것도 아니다. 우리가 우리의 삶을 맹목적인 의지나 맹목적인 정열 혹은 본능에 내맡겨 버릴 수 없기 때문에 삶의 질서를 형성할 책임을 가진 이성을 회복해야 한다고 할 때, 그 이성이라는 말이 무엇을 뜻하느냐에 대해서 볼노오는 다음과 같이 설명한다.[17] 아리스토텔레스는 이성을 실용적이고 수동적인 이성과 순수한 창조적인 이성으로 구별한다. 실용적이고 수동적인 이성은 삶을 위해서 봉사하는 기관으로서의 이성을 말하고, 순수한 창조적인 이성은 희랍사람들이 본래 말하는 자율적인 이성으로서 진리를 위한 진리를 추구하고, 과학을 위한 과학을 하는 이성을 말한다. 이러한 구별과는 다른 의미에서 독일말은 오성(Verstand)이라는 말과 이성(Vernunft)이라는 말을 구별한다.[18] 오성과 이성의 구별에 일찍이 흥미를 가지고 이를 그의 철학에 건설적으로 이용한 사람이 칸트인데, 그 후에도 야코비(Jacobi)같은 사람이 있다. 그런데 오성과 이성은 구별되면서도 이 둘은 분리될 수 없는 하나이다. 오성과 이성은 모두 라틴어 '라시오(Ratio)'의 뜻을 받은 말들이다.

볼노오에 의하면 독일말 오성(Verstand)은 자연현상 속의 법칙을 파악하고 수학적인 공식을 분석하고 문장을 풀이하고 기계를 제작하는 기술적인 기능을 말한다. 삶에서 사람에게 주어진 여러 가지 과제들을 개념적으로 이론적으로 그리고 기술적으로 처리하는 기능을 오성이라고 한다는 것이다. 이런 의미에서 오성은 볼노오가 상징적인 보기로서 말한 바와 같이 집을 짓는 데 중요한 건설적인 역할을 한다. 그러나 그러한 오성은 삶

---

17) O.F.Bollnow, *Mass und Vermesenheit des Menschen.*

18) 우리말 번역으로서의 오성(Verstand)와 이성(Vernunft)은 적당하지 못하다. 한문자 오(悟)와 이(理)의 어감 때문에 흔히 일반적으로는 이 둘을 바꾸어서 이해하고 있는 일이 많다.

의 목표를 제시할 수는 없다. 목표는 다른 데서 제시되어야 하며, 기술적인 기능으로서의 오성은 주어져 있는 어떤 종류의 목적을 위해서도 이용될 수 있다. 오성은 따라서 다만 주어진 목적을 위해서 봉사할 수 있는 도구에 지나지 않는다고 할 수 있다. 그러므로 오성은 사람의 맹목적인 의지나 욕망이나 비 본능 등 비이성적인 힘들과 대립되는 것이 아니다. 오성은 이러한 비이성적인 힘들에 봉사할 수 있는 도구이다. 오성은 가장 간사(奸邪)한 일을 위한 도구도 될 수 있고, 가장 착한 일을 위한 도구도 될 수 있다. 싸늘하고 기술적인 오성은 저속(低俗)한 정열에 봉사할 수도 있다. 현대과학이 침략전쟁의 도구가 되는 것은 오성이 그릇된 목적에 봉사하는 좋은 본보기라고 할 수 있다. 그뿐만 아니라 오성은 사람의 비이성적인 정열과 결합해서 독단주의(獨斷主義)와 광신주의(狂信主義)를 가져온다. 볼노오는 따라서 독단주의와 광신주의를 합리화된 정열이라고 한다. 여기서 합리화(合理化)라는 것은 오성이 뒷받침한다는 뜻이다. 오성은 수학공식이나 자연법칙에서처럼 늘 강제적이고 보편적인 타당성을 노리기 때문에 스스로를 절대화하고 자기와 다른 생각은 적대시 하는 경향을 가졌다.

이성은 그와는 전연 다른 성격을 가지고 있다. 그런데 이성이 무엇이냐는 것은 오성보다도 훨씬 설명하기 어렵다. 우리는 여기에 어떤 한 철학자의 이성론을 끌어내기 전에 우리들의 자연스러운 일상적(日常的)인 대화에서 이성이라는 말이 어떻게 사용되는가를 알아보자. 사람들이 이론은 언제나 일방적이고 인위적(人爲的)인 성격을 가졌기 때문에 사실을 왜곡(歪曲)하는 일이 있는 대신, 우리가 자연스럽게 사용하는 말은 본래적인 현상과 사실을 그대로 밝히기 때문이다. 우리는 흔히 '이성을 잃었다' 혹은 '이성을 회복해야 한다'고 말하는데 이럴 때 이성을 잃었다는 것은 무엇을 뜻하며, 또한 이성을 다시 찾는다는 것은 무엇을 의미하는가. 우리는 맹목적인 의지나 뜨거운 정열이나 사나운 욕망에 사로잡혀서 이들 비이성적인 힘들에게 지배당하는 사람을 일러 이성을 잃었다고 한다. 자기를 절대화하고 까닭 없이 교만하고 독선적인 독단주의자나 광신자들을 이성을 잃은 사람들이라고 한다. 그런 사람들과는 대화를 할 수가 없다. 불안이나 절망의 포로가 된 사람들은 이성의 소리에 귀를 기울일 수 없으며 삶의 목표도 잃은 사람들이다. 그들은 모두 건전한 삶의 공동관계에서 이탈한 사람들이다.

그러므로 이성은 사람의 비이성적인 정열과 본능들을 절제(節制)하고 사람과 사람 사이에 대화를 가능하게 하며, 정상적인 삶의 공동관계를 이룩하는 것을 말한다. 이미 말한 바와 같이 집이라는 것은 질서를 통해서 이룩된 가장 단순한 삶의 공동관계의 상징이다. 따라서 집은 감정이나 정열만으론 역시 이룩될 수 없고, 이성을 통해서 건설된다. 이성은 모든 개인들 사이의 담을 넘어서 포괄적인 공동관계를 성립시킨다. 이런 의미에서 야스퍼스는 포괄자(das Umgreifende)라는 말로써 이성의 새로운 깊은 본질을 나타내려고 했다. 집을 짓고 이를 유지하는 데 오성적인 기술이 필요한 것은 이미 말한 바와 같지만, 집이란 함께 사는 것이기 때문에 이성이 또한 필요하다는 것이다.

맹목적인 정열과 기술적인 오성은 서로 협동하지만 이성과 맹목적인 정열은 서로 용납될 수 없다. 맹목적인 정열이 지배하면 그 곳에는 이성의 소리가 들리지 아니하고 반대로 이성이 지배하는 곳에서는 정열과 본능은 절제된다. 그러므로 절제는 플라톤 이래 사람의 가장 높은 덕(德)이라고 생각되었으며, 사람을 사람답게 만드는 것은 이성에 의한 절제라고 생각되었다. 다음으로 이성은 독단과 광신을 용납하지 않는다. 독단과 광신이 지배하는 곳에는 이성적인 대화가 성립되지 않는다. 반대로 이성적인 대화가 있는 곳에 독단과 광신은 사라진다. 따라서 이성은 삶의 공동관계를 이룩한다. 이와 같이 절제와 공동관계의 원리, 이것이 이성의 기능이다. 그러나 우리는 이것으로 이성의 본질을 파악했다고 생각하지 않는다. 오성과 대조해서 이성의 몇 가지 뚜렷한 기능을 살펴본 것뿐이다. 볼노오는 말하기를 이성은 본질적으로 파악될 수 없는 것이라고 한다. 왜냐하면 이성은 사람의 마음의 여러 가지 기능들 중의 하나의 특수한 기능은 아니며 또한 모든 기능들 중의 최고의 기능도 아니고 따라서 선험적으로 주어진 절대적인 기능도 아니며, 오히려 모든 다른 기능들과 불가분의 것으로서 우리의 사람됨과 관계되는 '이념'이기 때문이다. 현대인들은 비이성적인 여러 가지 힘들 속에서도 이성의 소리를 들어야 한다. 이 간단한 사실 속에 사람의 사람다움이 있다고 볼노오는 말하면서 이 문제를 더 추구하지는 않았다.

볼노오는 사람의 생각을 이끌어가고 행동을 결정하는 더 근원적이고 강한 힘이 무엇인지 혹은 사람의 삶을 지배하는 하부구조가 무엇인지 하는 문제를 심리학적으로 혹은 사회학적으로 다루지는 않았다. 그러면서 그는 이성의 소리에 귀를 기울여야 한다는 결론으로 그의 이론을 이끌어 갔다. 따라서 그는 무엇이 진실이냐는 존재의 문제에서 어떻게 해야 하느냐는 윤리의 문제로 비약해 버린 것 같이 느껴진다.

그러나 그는 삶의 가장 근본적이고 단순한 현상으로서의 집으로부터 그의 이론을 끌어감으로써 존재와 윤리, 진실과 이상 사이의 거리를 메꾸었다. 곧 그는 삶의 근본적인 현상을 분석함으로써 그것이 역시 이성에 의해서 이룩되고 있다는 것을 발견한다. 그러므로 그가 이성의 소리에 귀를 기울여야 한다는 것, 그리고 거기에 사람의 사람됨이 근거하고 있다는 것은 단순한 윤리적인 당위(當爲)를 말하는 것은 아니다. 그러나 삶과 이성의 더 근원적인 관계를 밝히고, 이 문제를 더 발전적으로 다루어야 할 과제를 그는 앞으로의 연구를 위해서 남겨 두고 있다.

야스퍼스도 이성의 문제를 그의 철학의 가장 중요한 문제라고 말했다. 그리고 그는 이성이 무엇이냐는 문제는 가장 어렵고 중요한 문제이기 때문에 몇 천 년 동안 철학의 역사를 통해서도 완결될 수 없었던 문제라고 한다.[19] 야스퍼스에 의하면 이성은 오성 없이는 한 걸음도 움직일 수 없지

---

19) Karl Jaspers, *Vernunft und Widervernunft in unserer Zeit.*

만 또한 이성은 오성을 초월해서 이를 포괄한다는 것이다. 이성과 오성의 관계를 이렇게 설명하는 것은 야스퍼스가 칸트철학의 영향 아래 있다는 것을 잘 드러낸다. 칸트는 이성은 오성의 앎의 영역 안에서 만족하기에는 너무 크고, 오성은 이성을 만족시키기에는 너무 작다고 했었다. 야스퍼스는 키에르케고르의 깊은 실존과 칸트의 밝은 이성을 그 자신의 철학에서 조화시키려고 한다고 말한다.[20]

야스퍼스에 의하면 이성의 특징은 다음과 같다. 이성은 어떤 고정적인 존재가 아니고 늘 움직이는 것이다. 따라서 이성은 언제나 이미 이룩한 위치에 대해서 비판적이며 고정적인 사상의 체계에 머무르지 않고, 항상 생각을 앞으로 이끌고 간다. 그러면서도 이성은 또한 스스로를 비판하기 때문에 앎의 한계선을 깨닫는다. 맹목적인 정열의 도취와는 반대로 이성은 기다릴 줄도 알고 너의 주장을 들을 줄도 안다. 이러한 움직임 때문에 이성은 결코 독단주의나 광신주의와 독신주의에 사로잡히지 않는다.

그러나 야스퍼스는 사람은 원래 이성적인 존재는 아니라고 한다. 따라서 사람은 필연적으로 이성의 길을 걸어가는 것이 아니고 자유로운 결단에 의해서 스스로의 본성으로부터 돌아서서 이성의 길에 도달해야 한다고 말한다. 사람이 본래 이성적인 존재는 아님에도 불구하고 자유로운 결단에 의해서 이성의 길에 도달할 수 있다는 것은 참으로 하나의 큰 비밀이

---

20) Karl Jaspers, *Existenz und Vernunft*.

다. 어떻게 그것이 가능한지 우리는 모른다. 아마 이 비밀은 근본적으로 자연적인 본능, 곧 비이성적인 힘에 의해서 지배되는 사람이 어떻게 공동 사회를 이룩하고 역사를 창조했는가 하는 비밀과 대조되는 것이다. 이성은 자연현상처럼 사람에게 주어진 본성은 아니고, 결단에 의해서 실현되는 것이다. 이 결단의 성격은 삶의 공동관계에서 비로소 밝혀진다고 야스퍼스는 말한다. 이는 볼노오가 말한 것과 같은 의미의 이성론이다.

하이데거도 이미 그의 「존재와 시간」에서 삶과 이성의 문제를 취급하고 있다. 그는 이성이라는 말을 그대로 사용하지 아니하고 이성이 삶과[21] 불가분으로 얽혀 있는 현상을 '이해(Verstehen)'라는 말로써 표현했다. 딜타이(Dilthey)는 이미 "삶은 이해이다"라고 말함으로써 삶과 이해는 불가분의 하나의 현상임을 주장한 바 있는데, 하이데거는 딜타이의 이러한 생각을 그대로 이어받았다. 이해는 한 마디로 말해서 삶과 불가분으로 얽혀 있는 이성의 원초적인 현상을 말한다. 그래서 하이데거는 딜타이를 본받아서 실존한다는 것(Das Existieren)은 이해한다는 것(Das Verstehen)을 말한다고 했던 것이다. 여기에서 딜타이와 하이데거가 의미하는 것은 사람이 이 세상 안에서 이웃들과 그리고 다른 사물(事物)들과 관계하면서 산다는 것은 곧 첫째로 나 자신과 그리고 이웃들과 다른 사물들을 이해한다는 것을 뜻한다는 말이다. 그러므로 삶과 이해는 어느 것이 먼저이고 다른

---

21) Heidegger는 삶이라고 하지 아니하고 Dasein이라고 한다.

쪽이 이를 뒤따르는 것이 아니고 둘 다 함께 본원적(本源的)이다. 삶과 이해는 불가분의 하나의 현상이다.

그런데 우리의 삶은 복잡한 현상이기 때문에 그것은 특수한 여러 가지 형태로 발전할 수 있다. 삶이 여러 가지 특수한 형태로 발전할 때 이해도 그와 함께 여러 가지 특수한 형태로 나타날 수 있는데, 그것이 곧 자연과학적인 이성 혹은 오성 그리고 윤리적인 이성 또는 형이상학적인 이성들이라고 할 수 있다.

이러한 이해의 여러 가지 특수한 형태들을 하이데거는 이해의 '변질된 형태(Defizienter Modus)'라고 했다. 그리고 이해는 삶의 원초적인 현상이기 때문에 감정이나 의지와 구별되는 이성을 말하는 것이 아니다. 이러한 구별 은 특수한 이성관에 의한 인위적인 구별이다. 그래서 하이데거는 "이해는 언제나 정조(情調)에 물들어 있다.(Das Verstehenist immer gestimmtes)"고도 말하고 또한 이해의 성격을 기투(企投, Entwurf)라는 말로써 나타내기도 했다. 이해가 정조에 물들어 있다는 것은 삶의 세계를 물들이고 있는 정서와 이해가 불가분의 것이라는 것을 뜻한다. 우리의 앎, 곧 인식작용에서 이성과 정서가 서로 협동한다는 것은 막스 쉘러(Max Scheler)의 연구에 의해서 이제는 공인된 주장이다. 그리고 하이데거가 말하는 기투(Entwurf)라는 것은 이것도 사람의 존재의 현상을 표현하는 말인데, 사람의 존재라는 것은 늘 가능성들을 향해서 설계하고 결단하고 형성하는 현상을 말하는 것이라는 뜻이다. 따라서 기투는 종래의 구별에 의하면 사람의 의지현상에 더 가까운 것이다.

이해는 이성과 감정과 의지가 하나가 되어 있는 삶의 원초적인 모습이다. 우리는 이성문제를 살피려면 종래의 여러 가지 일방적인 학설이나 편협한 이론에서 출발할 것이 아니라 이 원초적인 현상에서 출발해서 문제를 발전적으로 다룰 수 있어야 한다.

딜타이나 하이데거가 말한 이러한 원초적인 현상으로서의 이해를 우리는 우리말 '생각'이라는 말로써 표현하는 것이 자연스러울 것이다. 우리말 '생각'은 '사랑'이라는 의미와 '뜻'이라는 의미를 함께 가지고 있다. 나는 어떤 사람을 생각한다고 하면 사랑한다는 뜻이고, 나는 어떤 일에 생각이 있다고 하면 나의 뜻, 곧 의지를 나타내는 말이 된다. 삶과 생각은 함께 본원적이다. 삶이 없는 곳에 생각도 없고 생각이 없는 곳에 삶도 없다. 사람의 모든 생각은 삶과 함께 출발하고 삶과 더불어 자라고 삶을 위해서 있다. 사람의 생각이 삶을 떠나서 있을 수 없다는 것은 현대 심리학이나 생물학의 증명을 빌릴 필요가 없다.

사유(思惟)니 이성이니 진리니 하는 것이 삶을 떠나서 있을 수 없다는 주장에 있어서 실용주의는 전면적으로 정당하다. 다만 삶이라는 말을 우리는 더 넓고 포괄적인 의미에서 이해해야 할 것이다. 고전적인 의미에서의 이성적인 존재라는 것은 이제는 생각할 수 없는 명제이다. 그러나 우리는 이성의 원초적인 현상으로서의 '생각'이 삶을 위한 단순한 도구가 아니고 삶과 동본원적(同本源的)이라는 것을 말했다. 이렇게 해서 결국 우리는 이성의 값을 다시 발견한다. 앞으로 삶과 생각의 문제는 더 깊은 연구과제로서 남겨둔다.

6. 생물학적 특징

우리는 사람이 무엇이냐는 문제를 다루면서 다윈의 진화론(進化論)을 잊을 수는 없다. 다윈의 진화론은 결국 사람도 다른 생물들과 마찬가지로 다른 하나의 생물로부터 진화한 것이라고 말한다. 더 명백하게 말하면 사람은 진화된 동물이라는 것이며, 특히 원숭이와 사람과의 생물학적인 유사성으로 인해서 사람은 원숭이의 혈통을 이어 받은 동물이라는 것이다. 사람을 그렇게 생각하면 인간학은 다만 동물학의 하나의 특수한 일부에 지나지 않으며, 사람이 진화를 통해서 동물에게서 분리된 후 오늘날까지 아무리 오랜 세월이 흘렀더라도 그것은 사람이 동물에게서 분리되기 전에 동물로서 지낸 더 오랜 세월에 비교하면 문제도 되지 않을 만치 짧은 기간이라고 한다. 그러므로 사람과 동물 사이에 차이점이 있다 할지라도 그것은 지나치게 중요하게 생각할 것이 못되며 차이점보다 공통점이 더 근본적이고 더 많다는 것이다. 사람은 결국 다만 하나의 동물이라는 뜻이다.

이와 같은 다윈의 진화론은 생물학의 이론에 그치지 아니하고 1870년대 이후 하나의 세속적인 종교운동처럼 번져갔다. 일부 보수적인 사상가들을 제외하고 일반 소시민들과 노동자들까지 다윈의 진화론을 받아들여서 그들의 인간관과 세계관의 기초로 삼았다. 다윈의 진화론이 이렇게 큰 시대적인 영향력을 가지고 넓게 퍼진 데에는 다음과 같은 몇 가지 이유가 있다. 첫째로 다윈의 진화론은 모든 현상을 인과발생적(因果發生的)으로 관찰하는 19세기의 과학 정신과 일치하기 때문이다. 그 당시에는 자연과학들이 인과율(因果律)을 과대평가했을 뿐만 아니라 인문 사회과학에서도 원인과 그 결과와, 그리고 앞으로의 발전을 따지는 것이 거의 지배적인 연구 방법이었다. 그리고 진화라는 말은 그 당시에는 하나의 유행어(流行語)가 되어 있었다. 모든 높은 것은 낮은 것으로부터 진화한 것이고, 모든 복잡한 것은 단순한 것으로부터 진화한 것이고, 모든 정신적인 것은 자연적이고 물질적인 것으로부터 진화한 것이다. 19세기의 이러한 진화사상은 자연주의에 근거한 것이었다. 그래서 이 진화사상은 모든 높은 혹은 낮은 현상을 결국 자연적인 물질에 귀일시켰다. 다윈의 진화론은 이러한 경향을 따라서 모든 생물들의 기원을 인과발생적으로 더듬어 올라가서 결국 하나의 유기체에 돌리는 것이다.

둘째로 다윈의 진화론이 그렇게 큰 영향력을 가지고 넓게 퍼진 이유는, 그것이 그 당시의 종교와 문화에 대한 반발운동에 편승했기 때문이다. 그 당시 종교가 사회주의자들과 일반 사람들에 의해서 거부당한 원인은, 첫째로는 윤리적인 원인이 있지만 다음으로는 자연과학들이 그 때까지의 교리들을 그대로 받아들일 수 없게 했기 때문이었다. 그래서 기적의 인물 모세(Moses)를 믿는 것보다는 다윈을 믿는다는 것이 그 때 사람들의 심정이었다. 이러한 종교에 대한 반발뿐만 아니라 또한 문화에 대한 반발이 다윈의 진화론으로 하여금 그렇게 큰 영향력을 갖게 했다. 모든 문화는 언제나 사람의 삶을 자연대로 내버려 두지 아니하고 일정한 규범(規範)의 굴레를 씌운다. 따라서 문화는 우리의 삶에 불가결한 것이지만 또한 문화는 다른 면에서는 우리를 구속하고 억압하는 것이 된다. 그러므로 사람은 프로이드가 말한 바와 같이 무의식적인 속마음으로 문화의 구속에 대한 반발을 가지고 있다. 자연 그대로의 삶으로 돌아가기를 바란다는 것이다. 18세기에 루소(Rousseau)가 자연으로 돌아가자고 말함으로써 큰 반응을 일으킨 것도 그 때문이다. 사람들은 다윈의 진화론에 의해서 그들에게 무의식적으로 무거운 짐이 되고 있었던 문화의 구속에서 해방된 것처럼 느낄 수 있었다. 삶을 억압 하는 문화적인 규범에 피곤을 느낀 사람들에게는 사람이 그 본질에 있어서 원숭이에 지나지 않는다는 것은 다행한 일이었다.

그러나 그동안 다윈의 진화론에도 어려운 문제가 발견되었고, 사람들의 생각하는 방법도 그 당시와는 많이 달라졌다. 첫째로 우리가 주목할 만한 사실은 사람과 공통점을 많이 가진 것은 아직 덜 자라난 어린 원숭이이고, 자라난 성숙한 원숭이는 좀 사람에게서 멀어진다는 것이다. 두개골(頭蓋骨)이나 손, 발 등에서 어린 원숭이의 것이 사람의 것과 더 닮았다고 한다. 그뿐만 아니라 호기심을 가지는 일이나 흉내를 내는 일 혹은 가르치는 것을 배우는 능력 등도 그러하다는 것이다. 다시 말하자면 원숭이가 사람을 닮은 것은 그의 성숙된 마지막 단계가 아니고, 아직도 완전히 발육되지 못한 중간 단계라는 것이다. 이러한 생물학적 발견은 사실 큰 의미를 가졌다. 왜냐하면 그것은 원래 다윈의 진화론을 뒤엎는 것이 되기 때문이다. 원래 다윈의 진화론에 의하면 원숭이로부터 사람으로의 진화는 직선적인 것이어야 한다. 그러나 위에서 말한 바와 같은 생물학적 관찰에 의하면 이 진화의 과정이 성숙된 원숭이를 거쳐서 직선적으로 사람에로 발전된 것이 아니고, 그와 반대로 사람은 원숭이의 아직 성숙되지 아니한 단계를 그대로 유지하고 있다는 것이다. 따라서 종래의 이론과 같이 원숭이에게서 사람이 진화되어 나온 것이 아니고 오히려 원숭이가 사람과의 공통적인 상태에서 다른 방향으로 성숙되어 나간 것이 아니냐는 것이다. 곧 원숭이와 사람 공통적인 원상태(原狀態)에서 이탈해 나간 것이 소위 원숭이가 되었기 때문에 그는 그의 아직 어린 단계에서 그 원상태를 나타낸 다는 것이고, 사람은 그 원상태를 그대로 유지하고 있으면서 오랜 역사를 통해서 사람이 되었다는 것이다. 그래서 원숭이의 육체적인 기관들과 기능은 사람보다 일방화되어 있고 특수화 되어 있다. 따라서 사람이 단순히 진화된 원숭이라는 이론은 성립되지 않는다. 원숭이는 사람과는 다른 방향으로 진화되어 나간 것이다. 곧 원숭이와 사람은 서로 다른 종(種)이라는 것이다.

사람의 기원(起源)이 동물의 영역에 속한다는 것을 의심하는 사람은 오늘날에 와서는 없을 것이다. 그러나 현대인이 생각하는 방법은 19세기와는 여러 가지 점들에서 달라졌다. 이미 말한 바와 같이 19세기에는 모든 현상들을 하나의 원리에 의해서 하나의 기원으로부터 인과발생적으로 발전한 것으로 보았지만 20세기에 들어오면서부터는 현상학(現象學)과 형태론(形態論)의 영향을 받아 여러 가지 현상들을 그 현재의 상태에서 형태적인, 구조적인, 그리고 본질적인 차이점을 통해서 파악하려는 노력이 두드러지게 나타난다. 오늘날 우리가 관심을 가지는 것은 여러 가지 다른 현상들을 하나의 원리에 의해서 하나로부터 억지로 연역(演繹)해 내어서 하나의 인과발생의 계보(系譜)를 만드는 것이 아니다. 오히려 여러 가지 현상들이 그 주어져 있는 현재 상태에서 가지는 본질들을 분석 해내는 것이 중요하다. 오늘날 우리들은 과학적으로 여러 가지 영역의 여러 가지 현상들에 대해서 여러 가지 원리와 방법으로 그 본질에 접근할 수 있다는 것을 배운 것을 자랑으로 알고 있다. 그러므로 우리들은 사람이 원숭이로부터 진화된 것인지 아닌지 혹은 사람과 동물이 어떤 점들에서 하나인지에 관심을 갖지 않는다. 우리들에게 중요한 것은 현재의 사람이 다른 동물들과 구별되는 점이 무엇인지 곧 사람과 동물의 차이점이 무엇인지를 생물학적인 관찰에 의해서 알아보는 것이다.

첫째로 사람과 다른 동물이 결정적으로 구별되는 점은 동물이 그 의 육체적인 구조와 기능에서 사람보다 훨씬 특수화 혹은 전문화되어 있다는 것이다. 동물의 모든 육체적인 기관들은 그의 특수한 생활조건과 특수한 환경에 꼭 알맞게 되어 있다. 동물의 육체적인 모든 기관이 그러할 뿐만 아니라 특히 그의 감각기관이 일정한 특수한 생활조건과 환경에 알맞게 되어 있다. 따라서 동물은 자연으로 부터 받은 본능(本能)에서도 더욱 특수화되어 있다. 곧 일정한 상황 아래서 그리고 일정한 외부적인 자극에 대해서 어떻게 행동하여 어떻게 반응할 것인가 하는 것을 기계적으로 연결하는 본능이 특수화되어 있다는 것이다. 이에 비하면 사람의 육체 적인 기관들은 일정한 특수한 상황에 맞도록만 되어 있는 것이 아니고 동물에 비해서 훨씬 원초적(原初的)이며 따라서 특수화되어 있지 않다. 보기를 들면 동물의 이(齒)는 육식(肉食)이나 혹은 초식(草食)에 알맞게 되어 있는데, 사람의 이(齒)는 육식에도 혹은 초식에도 꼭 알맞게 되어 있는 것이 아니다. 그러므로 사람은 무엇을 먹고 살아야 한다는 것이 본능적으로 결정되어 있는 것이 아니다. 농사를 지어 곡식을 먹고 살든지, 목축을 해서 고기를 먹고 살든지 그것은 사람 자신이 스스로 결정할 문제이지 자연적인 본능이나 육체적인 구조에 의해서 미리 결정되어 있는 것이 아니다. 수태시기(受胎時期)도 다른 동물들처럼 특수하게 결정되어 있지 않고 사람은 언제나 사랑할 수 있게 되어 있다.

이와 같이 사람의 육체적인 기관들이 특수한 생활조건과 일정한 환경에 꼭 맞도록 특수화 혹은 전문화되어 있지 않다는 것은 생존 경쟁에서 불리한 조건이라고 생각할 수도 있지만 또한 그 반면에 유리한 조건이라고 할 수도 있다. 사람의 이(齒)는 육식을 하는 데서는 호랑이나 사자와 같은 육식동물에 비해서 전혀 완전하게 발달되어 있지 않다. 그리고 초식을 하는 데서도 소와 같은 초식동물에 비하면 아주 뒤떨어진다. 그러나 육식동물의 이(齒)는 육식을 하는 데에만 전문적으로 알맞게 되어 있고, 초식동물의 이(齒)는 풀을 뜯어먹기에 전문적으로 알맞게 되어 있어서, 사람처럼 그때그때의 환경에 따라서 육식이나 초식을 자유롭게 선택할 수가 없다. 다시 말하면 동물의 모든 기관들은 일정한 환경과 조건에 완전히 적합하게 되어 있기 때문에 그러한 환경과 조건 아래서 다만 본능이 명령하는 대로 기계적으로 움직이면 된다. 그러므로 동물의 이러한 전문화된 기관들은 그들의 특수한 환경과 조건 아래서는 아주 능률적이다. 그러나 이렇게 특수화되고 전문화된 기관들은 다른 환경과 조건에는 적응하기가 어렵다. 이에 비해서 사람의 육체적 기관들은 일정한 환경과 조건에만 알맞도록 완전히 특수화되지 않았기 때문에 여러 가지 환경에 적응할 수 있다. 뿐만 아니라 동물처럼 일정한 환경 속에서 특수한 조건들 아래서 자연적인 본능의 지시에만 기계적으로 따르도록 되어 있지 않기 때문에 스스로 여러 가지 환경에 따라서 이에 반응하고 적응하기 위해서 생각하고 선택할 수 있는 기능을 발전시켰다.

사람은 그의 육체적인 기관들이 전문화되지 않고 따라서 일정한 환경과 조건에 맞도록 완성되지 않은 채 이 세상에 태어나는 대신에, 그 보상(補償)으로 모방(模倣)하고 생각하고 선택할 수 있는 능력을 가졌다는 것이다. 따라서 우리는 이제 다시 사람을 생각하는 존재라고 규정할 수 있다. 그러나 이것은 사람을 이성적인 존재라고 했던 고전적인 인간관으로 돌아가는 것을 뜻하지는 않는다. 그러한 고전적인 인간관에 따라서 사람들은 먼저 육체와 정신을 구별하고 육체는 동물과 같으며 그 위에 동물이 갖지 못한 뛰어난 이성을 인간이 가지고 있다고 생각해 왔다. 나아가서 사람들은 의식적으로 혹은 무의식적으로 그 뛰어난 이성을 선험적(先驗的)이고 초월적(超越的)인 기원(起源)을 가지는 것이라고 생각해 왔다. 그러나 우리가 여기서 사람을 생각하는 존재라고 할 때는 먼저 사람의 육체적인 구조와 기관들부터가 다른 동물들의 그것과는 다르며 또한 이성은 그러한 육체적인 차이점으로부터 나타나는 것이기 때문에 육체적인 구조와 분리되어서 생각될 수가 없다. 나아가서 사람의 생각은 선험적이고 초월적인 성격의 것이 아니고 사람의 육체적인 구조와 불가분으로 관련된 그리고 사람의 삶 속에서 자라나는 기능이다.

우리는 사람을 관찰할 때 육체와 정신을 구분하는 이원론(二元論)을 극복한 지 오래다. 그렇다고 해서 정신을 물질에 환원(還元)시키는 유물론(唯物論)이나 혹은 물질이나 육체를 다만 정신의 현상으로 생각하는 관념론(觀念論)을 말하는 것이 아니라, 사람을 육체와 정신으로 분리시킬 수 없는 하나의 살아 있는 현상으로 보아야 한다는 것이다. 그러므로 사람의 육체를 관찰하는 생물학적 인간학과 사람의 정신을 연구하는 철학적 인간학이 따로 따로 있는 것이 아니고 삶을 통해서 나타나는 살아 움직이는 사람을 관찰하는 하나의 현상학적 인간학이 있을 뿐이다. 따라서 또한 우리는 사람을 늘 동물의 입장에다 가져다 놓고 관찰해서 이성을 가진 우월한 동물이라고 생각하는 것이나, 사람을 하나님의 위치에 가지고 가서 타락한 존재라고 생각하는 것을 반대한다. 곧 사람을 동물이나 혹은 신(神)으로부터 파악하려고 하지 말고 사람을 그의 삶을 통해서만 파악하자는 것이다. 사람을 그 자신의 특수한 모습과 의미와 가치에서 파악하자는 것이다. 하나의 현상을 다른 현상에 귀납(歸納)시키거나 다른 현상으로부터 연역(演譯)하는 인과발생적방법(因果發生的方法)이 모든 문제에서 우리의 인식(認識)을 위해서 언제나 유효한 방법은 아니다. 우리는 하나의 현상을 연구하는 데 있어서 그 현상 자체 속에서 고유(固有)의 의미를 찾아내려는 그러한 현상학적 훈련을 필요로 한다.

우리는 사람의 육체적인 구조와 그 기관들이 다른 동물에 비해서 특수한 환경에 꼭 맞도록 전문화되지 아니한 것이 특징이라고 말했는데, 이제 다음으로 우리는 또한 사람의 성장과정이 동물의 그것에 비해서 아주 특이(特異)하다는 사실을 발견한다. 사람은 먼저 다른 포유동물(哺乳動物)에 비교하면 크기에 비례해서 더 오랜 임신기간(妊娠期間)을 필요로 한다. 그렇기 때문에 사람은 사실 일 년 빨리 출생하는 셈이 된다. 그래서 사람의 모든 육체적 기관들은 미완성된 채 이 세상에 태어나게 되는 것이다. 그러므로 사람은 다른 동물에 비해서 더 오래 성장한다. 사람은 20년 이상을 자라나는데, 같은 포유동물인 고래(鯨)는 2년 동안에 20미터에 이르는 그의 완전한 크기에 도달한다. 동물은 이미 모태(母胎) 안에서 그의 모든 육체적인 기관들이 성숙해 가지고 나오기 때문에 오랜 성장기간을 필요로 하지 않는다. 따라서 동물은 그의 생활환경 속에서 본능의 조종에 의해서 움직이면 된다. 그러나 사람은 그의 본능과 육체적 기관들과 그의 생활환경의 관계가 기계처럼 전문화되고 완성되지 않았다. 그렇기 때문에 동물에 비해서 가난한 본능에만 의존해서 움직일 수는 없고, 자신의 주체적인 마음과 그리고 사회적인 집단과 역사적인 전통의 '객관적인 얼'의 조종에 의해서 움직여야 한다. 그러므로 사람은 이 오랜 성장기간을 통해서 모방하고 생각하고 배움으로써 그러한 객관적인 얼을 제2의 천성(天性)으로 받아들여야 한다.

우리가 여기서 객관적인 얼이라고 하는 것은 사람이 역사적으로 이룩한 삶의 표현들, 곧 국가와 사회제도로부터 윤리적 규범과 언어(言語), 종교, 예술 그리고 또한 과학과 철학의 업적과 그 전통을 포함한다. 따라서 얼이라는 것은 사회적이고, 역사적인 성격을 가진 것으로서 사람이 어떻게 생각하고 행동하고 살 것인가를 명령하는 것이다. 그러나 사람은 동물이 그의 본능과 환경에 의해서 조종받듯이 그렇게 결정적으로 객관적인 얼, 곧 문화적인 규범에 의해서 결정되는 것은 아니다. 객관적인 얼은 주관적인 마음에 의존한다. 왜냐하면 객관적인 얼은 그 기원을 주관적인 마음에 갖고 있기 때문이다. 모든 문화적인 규범은 원래 사람의 정신적인 소산이다. 우리는 삶에서 전혀 새로운 환경과 입장에 대처하지 않으면 안 될 때가 많다. 그러한 새로운 환경과 입장을 위해서 객관적인 얼이 적절한 규범을 제시할 수 없을 때, 사람은 그 환경을 변화시키든지 혹은 적절한 규범을 스스로 생각해야 한다.

사람은 그의 본능이 모든 것을 지배하고 명령하고 결정하지 못하기 때문에 자라나면서 제2의 천성을 습득(習得)해야 한다. 어린아이는 그의 표정과 몸짓 등 가장 단순한 기초적인 동작에서 이미 부모나 주위 사람들의 영향에 의존한다. 미완성으로 이 세상에 태어난 어린아이는 이렇게 모든 것을 모방하고 배우고 익혀야 한다. 그러므로 사람은 말과 풍속(風俗)과 윤리 그리고 기술적인 작업(作業)과 도구의 사용으로부터 모든 문화적인 규범과 전통을 배우려면 그의 비교적 오랜 성장기간으로도 결코 충분하지 못하다. 사람이 미완성된 채 이 세상에 나와서 오랜 성장기간을 갖는다는 생물학적 특이성은 곧 사람이 객관적인 얼을 이룩하는 사회적인 존재라는 것을 뒷받침하는 것이다. 사람은 육체적인 성장이 끝나고 육체적으로 완전히 성숙된 후에도 다른 비슷한 동물들에 비하면 더 오랜 삶을 유지한다. 다른 포유동물은 짧은 것이 2년이나 3년이고, 보통 것이 12년에서 15년까지 살 수 있고, 드물게 30년까지 생명을 유지하는 것들이 있고, 50년은 전혀 예외에 속한다. 그리고 다른 동물들은 성장기간이 끝나면 곧 모든 기관이 쇠퇴하게 되는데, 사람은 계속 해서 배우고 생각하고 하면서 내면적인 혹은 외면적인 새로운 삶의 경험을 쌓는다. 사람은 육체적으로 성숙한 후에도 후손(後孫)들에게 객관적인 얼을 전달할 뿐만 아니라 계속해서 문화 창조의 기능을 유지한다. 이런 의미에서 사람을 문화적 존재 혹은 인문인(人文人)이라고 한다. 육체적인 기관들이 다른 동물에 비해서 특수하게 발달하기 전에 이 세상에 태어나기 때문에 사람은 필연적으로 이를 보충하기 위해서 제2의 천성으로서의 문화를 창조하게 된다는 것은 곧 사람에 대한 생물학적 관찰이 사람은 본질적으로 문화적 존재라는 주장을 뒷받침한다는 것을 뜻한다.

우리는 이미 동물의 감각기관들을 포함한 모든 육체적인 기관들이 특수한 환경에만 꼭 알맞도록 전문화되어 있다는 것을 말했는데, 윅 스퀼 (Jakob von Uexk ll)은 이 사실을 토대로 해서 그의 널리 알려진 환경설 (Umwelttheorie)을 말한다. 동물의 특수화된 기관들에 대해서 그의 생활환경이 또한 제한된 특수한 환경이라는 것이다. 객관적인 세계에서 그 제한된 일부만이 동물의 세계, 곧 그의 생활환경이라는 것이다. 우리는 일찍부터 동물이 그의 주위에 있는 여러 가지 사물들 중에서 자기의 생활에 필요한 사물에만 관심을 가지고 그 밖의 다른 사물에는 무관심하다는 것을 알고 있었다. 그러나 윅 스퀼에 의하면 동물은 그의 생활에 꼭 필요한 조건들로서 구성된 좁은 환경만을 지각하고, 그보다 넓은 객관적인 세계는 지각하지 못한다는 것이다. 왜냐하면 그의 감각기관들은 그러한 좁은 세계만을 비쳐 주는 렌즈처럼 되어 있기 때문이다. 동물이 지각하는 세계는 대체로 먹을 수 있는 것과 먹을 수 없는 것, 그리고 자기와 같은 종류의 동물과 생식활동의 상대자, 그리고 또한 자기에게 위협이 되는 존재와 그렇지 않은 존재로서 간단하게 구성되어 있다. 동물은 이렇게 그가 본능적으로 기계처럼 반응할 수 있고 또한 반응해야 하는 그러한 외부적인 조건들만으로 성립된 좁은 환경을 그의 세계로서 갖고 있다는 것이다. 다시 말하면 동물은 일정한 외부조건에 대해서 본능적으로 반응하는 기계적인 도식(圖式)을 갖고 있는데, 이 도식의 그물에 사로잡히는 외부조건만이 그의 세계이다.

윅 스퀼은 늘 편충(扁蟲)을 보기로 든다. 편충은 세 가지 감각기관을 갖고 있다. 빛을 느끼는 감각과 냄새와 온도(溫度)를 느끼는 감각을 위한 기관들을 갖고 있다는 것이다. 그는 그의 피부를 통해서 빛을 느끼고, 이에 따라서 나뭇가지 위에 올라간다. 그리고 냄새와 온도를 느끼는 감각기관은 그에게 언제 따스한 피를 가진 동물이 그 나뭇가지 밑을 지나간다는 것을 알려준다. 그러면 그는 기계적으로 그 동물 위에 떨어져서 그 따스한 피를 빨아먹는다. 이러한 편충에게 세계는 아주 단순한 구조를 가졌다. 빛과 피의 냄새와 그 온도, 이 셋으로 성립된 그의 세계, 이것이 그의 환경이다. 동물은 이와 같이 전문화된 육체적인 기관들과 대응해서 특수하고 좁은 폐쇄적(閉鎖的)인 세계를 갖고 있다.

이러한 동물에 비하면 사람은 그의 육체적인 기관들이 특수하게 전문화되어 있지 않기 때문에 이에 대응해서 비교적 객관적인 넓은 개방적(開放的)인 세계를 갖고 있다. 이 사실은 사람의 세계 개방성(Weltoffenheit)이라고 한다. 사람은 동물보다 훨씬 더 넓은 세계를 지각(知覺)한다. 동물의 경우에는 이미 말한 바와 같이 외부세계에 대한 지각들은 본능적인 반응행동과 기계적으로 직결되지만, 사람의 경우에는 외부세계에 대한 지각과 이에 대한 반응행동 사이에 '중간 매개기관'[22]이 있다. 사람이 동물처럼 외부로부터의 자극에 대해서 한결같이 본능에 따라 기계적으로 반응하지 않는 것은 그 때문이다. 막스 쉘러(Max Scheler)는 이 중간 매개기관을 금욕적(禁慾的)인 수련에 의해서 생겨나는 것이라고 했지만, 란드만은 이를 사람에게 자연적으로 주어져 있는 것이라고 했다. 이러한 중간 매개기관으로 인해서 사람에게는 지각된 외부세계가 그의 생명보존을 위한 활동과 직결되는 좁은 환경이 아니고 사람과의 대립적인 위치에서 객관적으로 존립하는 '열린 세계'이다.

그런데 이제, 문제는 사람이 인식하는 열린 세계가 동물의 좁은 환경에 비해서 비교적 넓다는 정도의 차이를 말하는 것이냐, 혹은 동물은 그의 특수하게 전문화된 육체적인 기관들에 대응하는 그러한 좁은 환경만을 지각하는데, 사람은 그의 삶과는 직접 연결되지 아니한 완전히 객관적인 세계를 지각한다는 질적인 차이를 말하는 것이냐는 것이다.

동물과 사람은 꼭 같이 그들의 삶과 관련된 세계만을 지각하고 인식하는데, 사람은 다만 다른 동물보다 비교적 넓고 비교적 객관적인 세계를 인식한다는 것과 혹은 생활과 직결된 동물의 환경과 사람이 실용적인 관심 없이 인식하는 객관적인 세계와는 질적(質的)으로 다른 것이냐는 문제다.

---

22) Gehlen은 이를 Hiatus라고 했다.

윅 스퀼에 의하면 동물의 환경과 사람의 세계는 질적인 차이를 갖고 있는 것이 아니고, 사람도 그의 삶에 직접 간접으로 관련된 환경만을 인식하고 그의 삶에 대해서는 아무 의미도 없는 완전히 객관적인 세계는 사람도 모른다. 고전적인 이성관(理性觀)에 의하면 사람은 그의 삶에 대해서 중립적(中立的)이고 객관적인 세계를 우선 그대로 인식하고, 다음으로 이를 그의 삶을 위해서 이용하는 것이었으나, 19세기부터 두드러지게 나타나는 경향에 의하면 사람의 이성은 그의 삶 속에서 자라나서 삶을 위해서 봉사하는 것이기 때문에 삶에 직접 간접으로 관련되는 세계만을 인식한다는 것이다. 하이데거도 이러한 입장을 그대로 받아들인다. 하이데거에 의하면 모든 사물은, 첫째로 원초적인 형태에서 사람의 삶과 관련된 모습으로 이해되고, 이 원초적인 형태가 변형되어서 나타나는 것이 객관적인 사물이라는 것이다. 23)

그러나 란드만에 의하면 사람이 인식하는 세계는 동물이 그의 본능에 의한 기계적인 행동도식의 그물에 의해서 파악하는 환경과는 본질적으로 다른 객관적인 세계이다. 사람은 그가 한 번도 발을 올려놓아 본 일이 없는 별들을 알고 그들에게 이름을 붙인다고 란드만은 말한다. 사람의 육체적인 기관들은 동물의 그것과는 달리 객관적인 세계를 향해서 열려 있기 때문에 원초적으로는 객관적인 세계를 지각하는데, 사람은 그 다음으로 그

---

23) Heidegger에 의하면 das Zuhandene가 das Vorhanddene 보다 理論的으로 앞선다.

의 삶의 과정에서 이 객관적인 세계를 그의 삶과 관련시키면서 주체적으로 이해하고 주체적으로 물든 환경을 이룩한다는 것이다. 그러므로 동물의 좁은 환경은 그 동물의 종류에 따라서 자연적으로 결정되어 있지만 사람의 주체적인 환경은 그의 문화적인 전통에 따라서 그리고 또한 개인에 따라서 달라진다. 철학과 예술을 통해서 자라난 희랍사람들이 표상(表象)하는 세계와, 권력과, 법률과, 목적의식에 의해서 움직이는 로마사람들이 표상하는 세계와는 분명히 다른 것이다. 그리고 자연을 지배하면서 살아가려는 서양 사람들의 자연에 대한 표상과 자연에 조화하는 것을 이상으로 생각하는 동양 사람들의 자연에 대한 표상은 서로 같을 수가 없다. 우리는 이미 문화적인 전통을 객관화된 얼이라고 했는데, 이 제2의 천성으로서의 객관적인 얼을 통해서 우리가 관심을 가지고 인식하고 관계하는 소위 환경, 곧 주체적인 세계가 구성된다. 모든 종류의 동물은 그 종류에 특유한 좁은 환경을 갖고 있지만 사람은 그와 같이 사람에게 특유한 환경을 갖고 있는 것이 아니고 그 사람이 속하는 사회집단, 곧 특수한 문화의 전통을 가진 민족에 따라서, 혹은 같은 생활형태를 가진 직업단체들에 따라서 그들에 특유한 환경을 갖고 있다. 동물은 그가 속한 종류를 벗어날 수 없기 때문에 그의 좁은 환경을 벗어날 길이 없지만 사람은 이 문화권에서 저 문화권으로 옮길 수도 있고, 이 직업에서 저 직업으로 옮길 수도 있기 때문에 그의 주체적인 환경을 벗어날 수도 있다. 동물은 그의 특수하게 전문화된 육체적인 기관들에 대응하는 하나의 좁은 환경을 갖고 있지만 사람은 그를 중심으로 해서 주체 적인 환경을 구성할 뿐만 아니라 자기 자신을 외부적인 세계에 맞추어서 형성하기도 한다.

사람의 감각기관들은 동물의 감각기관들과는 달리, 자기의 생활에 직접 관련되는 특수한 자극만을 지각하는 것이 아니고 이 세계를 향해서 개방되어 있기 때문에 지나치게 많은 자극들을 외부로부터 받아들인다. 이 지나치게 많은 자극들이 모두 받아들여져서 처리될 수는 없으니 심리학(心理學)은 우리의 의식(意識)에 관문(關門)이 있다고 말한다. 이 관문을 통과하는 특수한 자극들만이 받아들여져서 인식되는데, 이 관문은 그 사람의 삶의 창조적 표현인 문화구조와 관련되어 있다.[24] 그러한 문화구조의 가장 근본적이고 대표적인 것이 사람의 말(言語)이다. 외부로부터 쏟아져 들어오는 넘쳐흐르는 자극들 중에 말이라는 원형적 카테고리에 담겨서 받아들여지는 자극들만이 참으로 인식될 수 있다. 우리가 외부에서 받은 감각이나 느낌을 일정한 말에 담아서 마음에 새기지 않으면 그것은 아무 의미도 가질 수 없으며 또한 곧 기억에서 사라진다. 말은 우리 가 흔히 생각하는 것처럼 이미 지각되고 인식된 것을 전달하는 데만 사용되는 도구가 아니고 인식을 비로소 가능하게 하는 창조적인 역할을 한다.

지금까지 논술한 것을 요약하면 사람의 육체적인 기관들은 동물처럼 특수하게 전문화되어 있지 않고, 세계를 향해서 개방되어 있다. 그런데 사

---

24) Gehlen에 의한면 그 관문 역할을 하는 것이 곧 Kulturgebilde이다.

람의 이러한 세계 개방성은 사람으로 하여금 필연적으로 문화를 창조하게

하고 또한 거꾸로 그 문화가 사람의 제2의 천성이 되어서 사람의 육체적

기관들의 비전문화와 세계 개방성에서 오는 약점을 보충한다는 것이다.

이렇게 해서 생물학적 인간학 필연적으로 문화적 인간학으로 넘어간다.

7. 사람됨의 자유

사람이 만약 생물학적으로 보아서 미완성의 존재이며 또한 자연과 역사를 포함한 그의 환경에 대해서 열려 있는 존재라면 사람은 나면서부터 고정적인 불변의 형태를 가지고 있는 것이 아니고, 그의 환경과의 관련을 통해서 스스로를 형성하는 존재이다. 이런 뜻에서 사람은 나면서부터 '사람임'이 아니고 그의 삶을 통해서 사람이 되는 것이다. 그런데 사람은 그의 삶에서 늘 새로운 결단을 할 가능성을 가지고 있기 때문에 그가 살아 있어서 자유를 갖고 있는 날까지는 완성된 고정적인 존재가 아니다. 그는 여러 가지 모습의 존재가 될 수 있는 가능성을 언제나 가지고 있다. 이런 뜻에서 하이데거는 사람의 존재(Dasein)는 가능존재(Möglichsein)라고 했다. 그러므로 사람의 일생은 사람됨의 과정이다.

사람은 육체적인 기관들과 감각기능들은 특수하게 전문화되어있지 않다고 했는데, 이러한 비특수성(非特殊性)은 곧 비결정성(非決定性)을 의미한다. 동물은 본능적으로 일정한 기능들과 행동도식(行動圖式)을 갖고 있다. 이럴 때는 이런 기능을 이용해서 이런 행동을 하고, 저럴 때는 저런 기능에 따라 저런 행동을 하도록 본능적으로 결정되어 있다. 그러나 사람의 경우에는 일정한 기능들과 행동도식이 본능적으로 결정되어 있는 것은 아니다. 사람은 행동해야 하는 존재이기는 하지만 일정한 본능적인 도식에 따라서 결정적으로 행동해야 하는 것은 아니다. 이렇게 혹은 저렇게 '행동해야 하는' 존재가 아니고 이렇게 혹은 저렇게 '행동할 수 있는' 존재다. 다시 말하면 사람은 창조적인 자유를 가졌다.

사람은 늘 새로운 기능을 발전시키고 늘 새로운 행동방식을 생각하고 자유롭게 스스로의 행동방식을 선택한다. 사람은 나면서부터 동물처럼 특수하게 완성된 존재가 아니고 미완성의 존재이기 때문에 자연으로부터 받은 자유로운 창조의 능력으로 스스로를 형성한다. 그러므로 자유로운 창조의 능력은 몇 사람의 천재에게만 주어진 것이 아니고, 참으로 사람에게 모두 주어진 근본적인 특권이다. 딜타이에 의하면 사람은 그의 삶의'밑바닥 없는 깊이'로 부터 솟아나는 창조적인 표현(Ausdruck)을 통해서 비로소 일정한 모습을 갖는다. 따라서 사람이란 미완성의 열려 있는 그리고 늘 움직이면서 되어가는, 끝없이 창조적인 불사조이기 때문에 파악하기 어려운 존재이다.

동물은 자연으로부터 주어진 일정한 모습에서 위로 더 올라갈 수도 없고, 아래로 더 떨어질 수도 없다. 그러나 사람은 가장 영광스러운 위치에서 가장 수치스러운 위치에까지 오르내릴 수 있다. 사람은 높이 우러러볼 수 있는 숭배의 대상이 될 수도 있지만, 그는 또한 동물들 중에서도 가장 비천한 동물이 될 수도 있다. 이런 뜻에서 아리스토텔레스는 가장 영광스러운 존재가 변질하면 가장 수치스러운 존재가 된다고 했다. 동물은 그가 어떤 종류(種類)의 동물이냐에 따라서 그의 모습과 본질이 이미 결정되어 있다. 모든 동물은 그가 속할 종족의 하나의 표본들이다. 그러나 사람이라는 종족은 처음부터 미완성의 불완전한 종족이기 때문에 이 종족에 속한 모든 존재들은 필연적으로 모두 새롭고 각각 개성적인 모습을 갖는다. 사람은 그가 속한 종족의 하나의 표본이 아니고 각각 특수한 모습과 독자적인 가치를 가진 개인이다. 그러므로 사람은 그가 속한 종족을 언제나 초월하는 존재이다. 현대 실존철학이 사람의 보편적인 본질을 문제 삼지 않고 다만 시간적으로 구체적인 실존을 다루는 것은 그와 같은 이유 때문이다.

사람은 언제나 이것이냐 저것이냐를 선택할 수 있는 갈림길에 서 있다는 것, 사람은 선과 악을 자율적으로 선택한다는 것, 그리고 삶의 모습을 스스로 형성한다는 것은 서양철학에서는 이미 희랍사상의 유산이다. 희랍 사람들은 사람의 자유와 개인의 가치를 발견한 인류 역사에서 최초의 민족이었다. 그러나 그들은 이러한 자유를 좁은 윤리(倫理)의 영역에서만 생각했고, 사람의 존재의 뿌리에까지 적용하지는 못했다. 희랍사람들에 의하면 사람은 선과 악 사이에서 자율적으로 선택할 자유를 가졌지만, 그 선과 악의 윤리적인 규범(規範)은 이미 주어져 있는 것이었다. 사람이 스스로 존재를 형성할 자유가 있다고 해도 사람의 영원한 모습으로서의 이데 아(Idea)는 이미 불변한 것으로서 주어져 있었다. 그러므로 사람이 자기의 존재를 형성한다는 것은 결국 이 불변의 이데아를 이룩한다는 것이었다. 윤리적인 규범과 사람의 이데아까지 사실은 역사적인 산물이며, 사람 스스로가 창조한 것이라는 것을 그들은 생각하지 않았다.

인류가 사람의 창조적인 자유를 깨닫고 높은 자부심(自負心)을 갖게 된 것은 문예부흥 이후의 일이다. 사람은 영원불변의 유일한 이데아를 실현해야 하는 것이 아니고, 무한히 많은 가능성들을 실현할 수 있다. 사람이 어떤 하나의 모습을 유일한 이데아로 생각하고 그것을 이룩한 다음에는 거기에 머물러 있을 수 있는 그러한 유일의 모습은 없다. 사람은 어떤 하나의 가능성을 실현하면 거기에서 또한 다른 가능성들을 실현하기 위해서 앞으로 나아가야 한다. 그러므로 사람은 끝없는 길을 가는 나그네와 같은 존재이다. 사람은 언제나 이미 도달한 자리에 고정적으로 머물 수 없으며, 이미 이룩한 모습에 만족할 수 없다. 사람은 영원히 그의 참 모습을 찾아서 헤맨다. 쉴 새 없는 생명의 움직임, 그리고 언제나 새로운 창조에 대한 끊임없는 동경(憧憬), 이와 같은 것을 사람들은 문예부흥 이 후에 비로소 의식하게 되었다. 헤르더(Herder)는 동물이 본능의 기계적인 노예인데 대해서 사람은 자유로운 존재로 창조되었다고 말했다. 사람은 자연의 손에 의해서 조종되는 빈틈없는 기계는 아니라는 것이다. 사람은 그의 삶의 목적을 자기 자신 속에 갖고 있다. 선과 악 그리고 참과 거짓을 가늠하는 저

울은 사람 자신이다.

위로 올라가든지 아래로 떨어지든지 그것은 자기 자신이 선택할 일이다. 여기에 사람의 영광과 사람의 모험이 있다. 그러나 이러한 자유와 창조의식도, 아주 가까운 현대에 이르기까지는 사람의 존재 자체에 인간학적으로 철저히 적용되지는 못했다.

쉴러(Schiller)는 그의 '품위(品位)와 존엄'[25]이라는 논문에서 희랍 사람들과 같은 제한된 자유의 사상을 다음과 같이 표현했다. 자연은 동물과 식물에게는 일정한 모습을 주었을 뿐만 아니라 또한 그 모습을 실현시키는 것도 자연이 필연적인 법칙에 의해서 하는 일이다. 그러나 자연은 사람에게는 일정한 모습을 주었지만 그 모습을 실현하는 일은 사람 자신에게 위임되었다. 다시 말하면 사람의 표준적인 모습은 자연으로부터 주어져 있는 것이고, 이 표준적인 모습을 성취하는 것은 사람 자신의 일이라는 것이다. 사람은 자유를 가졌으나 자연으로부터 주어진 규범을 성취하는 자유를 가졌을 뿐이다.

쉴러에 의하면 사람은 그렇게 해서 필연과 자유의 두 세계의 시민이라고 한다. 그런데 서로 본질적으로 대립된 필연과 자유라는 두 세계는 예술적인 멋의 세계를 통해서 조화된다고 한다. 이런 점에서 쉴러는 칸트의 사상을 그대로 이어받았다. 쉴러에 의하면 사람은 예술적인 멋에서 완전히 조화

25) Schiller, ' Über Anmut und Würde.'

된 존재이다.

키에르케고르에 의하면 사람은 정열적인 결단을 통해서만 가장 높은 자아(自我)를 이룩한다. 그러므로 모든 사람은 자기의 모습에 대한 책임을 스스로 회피하지 못한다. 키에르케고르가 말하는 '높은 자아'라는 것은 자연으로부터 선천적으로 우리에게 주어져 있는 것이 아니고 우리가 스스로 선택하고 결단하고 이룩해야 되는 것이다. 그러나 사람이 그 사이에서 선택하는 표준의 양극(兩極)은 사람에게 미리 주어져 있는 선험적(先驗的)인 불변의 규범이다. 키에르케고르가 말하는 '이것이냐 저것이냐(Entweder-Oder)'는 것은, 곧 그리스도와 아담 사이에서의 종교적인 선택을 말한다. 영원한 구원이냐 혹은 땅 위의 향락이냐를 선택해야 한다는 것이다. 키에르케고르에 의하면 이 선택의 책임이 하나님에게만 있는 것이 아니고 사람 자신에게 있다고 한다. 그러므로 키에르케고르는 이미 주어져 있는 불변의 가치들 사이에서의 선택의 자유를 말했을 뿐이다. 규범 그 자체를 우리가 스스로 창조할 수 있는 자유를 그는 생각하지 않았다.

키에르케고르에 비하면 마르크스는 더 철저하게 창조적인 자유의 사상을 사회적이고 경제적인 영역에까지 적용했다. 마르크스는 존재(Sein)가 의식(Bewuβtsein)을 결정한다고 했다. 그가 여기에서 존재라고 하는 것은 구체적으로는 사회적인 계급을 말하는 것이고, 의식은 사람의 정신, 곧 이성(理性)을 말하는 것이다. 그러므로 사람이 속하고 있는 사회적인 위치와 그 상황(狀況)이 그 사람의 의식활동을 결정하고 정신을 지배한다면 사람에게는 자기의 존재를 형성할 자유는 없어지는 것 같이 생각된다. 그러나 마르크스가 '존재가 의식을 결정한다'고 했을 때의 의식은 본래적인 이성을 말하는 것이 아니고 그릇된 계급사회에서 변질된 관념적이고 이데올로기[26]의 모체(母體)가 되는 이성을 말한다. 이러한 변질된 이성에 대해서 본래적인 이성[27]은 사회적인 존재를 창조적으로 결정할 수 있다.

마르크스는 그가 헤겔의 철학에서 이어받은 창조적인 자유의 사상을 사회적이고 경제적인 영역에 적용함으로써 경제학에 새로운 전환을 이룩했다. 이런 뜻에서 마르크스는 그가 스스로 생각한 것처럼 그만큼 헤겔의 적(敵)은 아니다. 고전적인 경제학에 의하면 사람은 자연으로부터 주어진 일정한 수요(需要)를 가지고 있다. 경제는 이 일정한 수요를 충족시켜야 하는 것이었다. 그러나 마르크스에 의하면 사람은 물질적으로도 그러한 고정적인 수요를 갖고 있는 존재가 아니다. 사람은 그의 생활을 변화시키고 도구를 만들어 내고 상품을 생산할 뿐만 아니라, 자기 자신의 존재를 창조한다는 것이다. 사람은 일해야 하는 존재인데, 일해야 한다는 것은 마르크스에 의하면 숙명적인 고통이라기보다는 사람의 위대한 특권이다. 왜냐하면 사람은 일함으로써 그의 삶과 그 자신을 창조하기 때문이다. 마르크스에 의하면 경제적인 생산은 소비(消費)의 양상(樣相)을 지배하고 결

---

26) Marx가 Ideologie라고 하는 것은 하부구조에 의해서 지배되는 철학, 예술, 종교, 정치를 포함한 상부구조를 말한다.

27) intellectus agaes

국은 수요를 창조한다. 그것은 마치 훌륭한 예술의 아름다움을 감상할 수 있는 대중을 만들어내는 것과 같다. 마르크스는 말하기를 경제적인 생산은 사람을 위해서 소비품을 만들어낼 뿐만 아니라 소비품을 위해서 사람을 만든다고 했다. 이러한 마르크스의 사상은 다음과 같이 쉽게 풀이될 수 있다. 새로운 생산은 새로운 수요를 불러일으키고, 새로운 수요는 새로운 삶을 가져오고, 새로운 삶은 사람의 새로운 모습을 창조한다. 우리가 사람의 본성 이라고 생각하고 있는 것은 사실 사람 자신의 창조적인 행동의 산물(産物)이다. 사람이 경제적인 주체로서의 자기 자신을 형성하듯 이 경제 이외의 다른 영역들에 있어서도 그러하다. 사람은 모든 물질적인 소비품과 도구, 사상적인 논리체계와 예술적인 작품, 그리고 사회적인 제도와 기구를 창조할 뿐만 아니라, 또한 사람은 자기 자신을 생산한다. 마르크스에 의하면 사람이 서서 걸어 다니는 것도 자연적인 본성이 아니고 사람의 의지의 산물이다.

사람은 일하는 존재이며 일을 통해서 그의 삶과 모습을 늘 새롭게 형성한다는 것이 마르크스의 사상인데, 같은 19세기의 철학자 니체도 그와 비슷한 생각을 가졌다. 니체에 의하면 사람은 여러 가지 모습들로 형성될 수 있는 가소물(可塑物)이다. 그런데 사람에게 일정한 모습을 주는 것은 사람 자신이다. 그러므로 사람은 피조물임과 동시에 또한 창조자라고 니체는 말한다. 미켈란젤로(Michelangelo)는 그가 조각을 하려는 그 대리석 속에 이미 그가 그리는 모습이 잠자고 있는 것을 발견했다고 한다. 그와 같이 니체도 가소물로서의 사람 속에 그의 여러 가지 이상적인 모습들이 잠자고 있는 것을 발견했다. 그러나 사람의 어떠한 하나의 모습도 어떠한 존재방식도 결정적인 것은 아니다. 니체에 의하면 사람은 자기 자신을 늘 새롭게 형성하기 위해서 옛 모습을 파괴해야 한다. 그러므로 사람은 어떤 다른 동물들보다도 더욱 불확실하고 가변적이고 붙잡을 수 없는 존재이다. 끝없이 미래를 향해서 자기 자신을 새롭게 형성하는 그의 창조적인 힘 앞에는 영원히 휴식과 안정이 없다. 이미 도달한 그 자리에서 만족할 수 없는 언제나 앞을 바라보는 이 영원한 길손에게는 그의 미래가 그의 모든 현재 속에서 늘 몸의 가시처럼 꿈틀거리고 있다. 따라서 그는 현재의 자리에 주저앉아 평안을 누릴 수가 없다. 사람에게 가장 위험한 것은 때 이른 만족과 정체(停滯)이다.

니체의 이러한 사상은 현대 실존철학에도 반영되어 있다. 실존철학에 의하면 사람의 내부세계는 외부세계의 물건(物件)과 같은 척도에 따라서 이해될 수는 없다.[28] 우리는 외부세계의 물건들 사이에서 살고 있기 때문에, 우리의 생각의 범주와 체계는 그 사물들에 의해서 결정된다. 이러한 외부세계의 물건들은 거의 고정적이기 때문에 측정될 수 있고 계산될 수 있다. 그러나 사람의 내부세계는 이에 비하면 고정시킬 수 없는 흐름이다. 그러므로 우리가 사람의 내부세계를 이해하기 위해서는 전연 새로운 범주를 필요하다. 이 새로운 범주를 하이데거는 실존범주(Existenzialien)라고

---

[28] William Stem과 Bergson이 Person과 Sache를 구별한 데서 시작되었음.

했다. 야스퍼스도 실존에 대한 이해는 철저히 비물체화(entdinglichen)해야 한다고 주장한다. 우리는 사람을 어디까지나 열려 있는 비결정적인 가능성으로서 이해해야 한다는 것이 야스퍼스의 되풀이되는 주장이다. 사람은 고정적인 존재의 형태를 갖고 있지 않기 때문에, 우리는 사람의 실존을 인식(認識)할 수 없다고 그는 말한다. 우리는 '존재하고 있는 대상'만을 인식할 수 있는데, 사람의 실존은 대상화될 수 없는 주체일 뿐만 아니라 존재하고 있는 것이 아니고 '되어가는 과정'이기 때문이다. 모든 사람은 순간마다 자기의 존재를 위해서 자유롭게 결단해야 한다.

이런 뜻에서 하이데거는 우리가 우리 자신을 기투(企投, entwerfen)한다는 표현을 한다. 우리는 우리 자신을 기투함으로써 현재 우리의 존재 모습을 넘어서 미래를 향해서 앞질러 간다.[29] 모든 사람은 언제나 그 자신의 가능성에 따라서 자기 자신을 기투한다. 그러므로 사람의 존재는 고정적인 기성형(旣成型)이 아니고 미래를 선취(先取, Vorwegnahme)하는 가능존재이다. 우리는 이미 이루었다 함이 아니고, 앞에 있는 푯대를 향하여 달음질치노라고 한 신약성서에 나오는 바울의 말은 그대로 사람이 존재하는 모습을 표현하는 말이다. 우리는 우리의 가능성에 따라서 자신을 기투하기 때문에 우리의 존재는 보편적인 사람이라는 종속의 하나하나의 표본들이 아니고, 언제나 개성적(個性的)인 '나의 존재(Je-me-iniges Dasein)'

---

29) Vorlaufen in Zukunft.

이다. 사람이 만일 모두 '나됨'을 중지하고 일반적인 인간(Das Man)으로부터 주어진 가능성들만 파악한다면 그것은 실존을 잃어버린 책임 없는 삶으로의 타락을 의미한다. 그러한 일반적인 인간의 삶은 우리로 하여금 책임 있는 결단을 하는 것을 잊어버리게 한다. 그러나 사람이 자신을 창조적으로 자유롭게 기투한다고 해도 그것은 사람이 거침없는 빈 공간 속에서 마음대로 기투하는 것이 아니다. 하이데거에 의하면 사람은 일정한 역사적인 환경 속에서 숙명적으로 내던져진(geworfen) 존재이기 때문이다. 우리의 객관적인 환경은 우리의 자유로운 결단을 위한 구체적인 과제를 결정한다. 그러므로 역사적인 환경은 우리에게 주어진 가능성의 범위를 결정함으로써 우리의 존재를 함께 형성한다. 그래서 하이데거는 '피투된 기투(Geworfener Entwurf)' 혹은 '피투된 자유(Geworfener Freiheit)'라는 표현을 사용한다. 하이데거에 의하면 마치 사람은 역사적인 유산(遺産)으로서 이미 결정적으로 주어져 있는 가능성만을 이룩하는 것처럼 생각된다. 다시 말하면 역사적인 유산으로서 이미 결정되어 있는 윤곽(輪廓)만을 사람은 이룩하는 것처럼 생각된다. 키에르케고르와 하이데거는 함께 비본래적이고 일상적(日常的)인 존재 방식에서 본래적인 '나됨'으로 돌아갈 것을 강조하고 있는데, 그 '나됨'의 내용은 키에르케고르의 경우에는 기독교적인 전통에 의해서, 하이데거의 경우에는 역사적인 유산으로 이미 주어져 있다. 하이데거는 이 역사적인 유산을 구체적으로 규정하지는 않았지만, 그것이 그가 반대하는 사람의 일반성(一般性)과 어떻게 다르냐는 것은 문제이다. 왜냐하면 역사적인 유산은 그 사회에서는 일반적으로 공통성을 가질 것이기 때문이다.

이제 사르트르(Jean Paul Sartre)는 사람의 존재에 관한 한 철저히 결정론(決定論)의 요소를 배격한다. 사르트르에 의하면 식물과 동물은 그들이 속한 종의 법칙을 따라서 그 종의 모습을 그대로 성취하면 된다. 우리의 생활에 사용되는 여러 가지 도구들도 그것들을 만든 사람의 머릿속에 그려진 설계에 의해서 만들어지면 된다. 그러나 사람의 경우에서는 미리 그려진 설계나, 플라톤이 말하는 불변의 이데아는 없다. 사람에게는 실존에 앞서는 불변의 본질은 없다고 사르트르는 주장한다. 사람은 먼저 존재하고 있고, 그 다음에 그가 무엇으로 자기 자신을 이룩하느냐는 문제가 따른다. 사람이 '있다는 사실'은 절대적이지만 사람이 '무엇이냐는 문제'는 상대적이라는 것이다. 하나님이 사람을 그의 영원한 형상대로 만든 것도 아니고, 우리의 이성(理性)속에 사람의 영원한 모습과 같은 본질이 주어져 있는 것도 아니다. 다른 모든 존재들은 불변의 본질을 갖고 있는데 반해서 사람은 스스로 자신을 형성한다. 불변의 본질이나 불변의 이데아가 사람을 규정하는 것은 아니라는 것이다.

사람은 스스로 자신을 설계한다. 사람은 언제나 미래의 처녀지(處女地)를 향해서 그가 뜻하는 대로 되어가는 과정이다. 그러므로 우리는 사람을 '무엇이다'라고 말할 수 없다. 왜냐하면 사람은 언제나 되어가는 것이기 때문이다. 이런 뜻에서 '사람임'은 다만 '사람됨'을 말하는 것이라고 할 수 있다. 따라서 사람은 어쩔 수 없이 자유로운 결단에 의해서 자신을 형성해야 한다. 사르트르는 이런 뜻에서 자유는 사람이 저버릴 수 없는 숙명이라고 했다. 사람은 언제나 현재와는 다른 존재가 될 수 있는 가능성을 가졌다. 곧 그는 언제나 미래를 향해서 열려 있다. 영웅(英雄)은 자기 자신을 영웅으로 만든다. 그는 또한 언제나 비겁해질 수 있는 가능성을 가졌다.

이러한 사람됨의 자유는 사르트르에 의하면 사람의 위대한 영광일 뿐만 아니라 또한 가장 무거운 짐이다. 나의 사람됨의 책임은 일체 나에게 있기 때문이다. 사람들은 이 자유의 무거운 짐을 회피하기 위해서 하나님의 섭리(攝理)를 말하고 운명을 말하고 혹은 성격적인 소질을 끌어내기도 하고, 외부적인 환경을 핑계삼기도 한다. 사르트르는 하나님의 섭리나 운명을 인정하지 않으며, 성격적인 소질이나 외부적인 환경은 우리의 존재에 영향을 주는 요소들은 될 수 있어도 우리의 존재를 엄격하게 결정하는 것은 아니라고 한다. 우리의 존재는 역시 우리의 자유에 매달려 있으며 따라서 우리의 존재에 대한 책임은 우리 자신에게 있다. 우리가 뜻대로 할 수 없는 많은 숙명적인 요소들이 우리의 삶을 지배하기는 한다. 그러나 이러한 숙명적인 요소들에 대해서 어떻게 대결하고 또한 그 숙명적인 요소들이 우리 자신을 위해서 무엇을 의미할 수 있는가 하는 것은 역시 우리 자신의 자유로운 결단에 의존한다. 그러므로 우리는 어떤 의미에서도 우리 자신에 대한 책임을 회피할 수 없다. 사람이 무엇이냐? 사람은 그가 이룩하는 그것이다.

사르트르의 너무나 과장된 창조의 자유는 그대로 납득하기 어려운 문제점을 가지고 있다. 사람은 모든 창조에서 사실 의식적으로 '만드는 것'은 아니다. 특히 사람됨에서는 더욱 그러하다. 사람의 존재는 무의식적인 성장을 통해서 이룩되는 부분이 더욱 크다. 사르트르는 사람의 존재 현상을 전체적으로 바라보았다기보다는 윤리적인 일면만을 생각한 것 같다. 그렇기 때문에 그는 자유로운 결단과 이에 따르는 책임의식을 강조했다. 사르트르는 사람됨의 과정에서 우리 자신의 결단의 힘뿐만 아니라 다른 여러 가지 힘들이 함께 작용한다는 것을 깨닫지 못했다. 우리는 이 함께 작용하는 필연적인 힘들을 주목해야 한다. 우리의 사람됨은 우리의 자유뿐만 아니라 필연에 의해서 이룩된다. 우리의 존재는 사실 선물로 받은 것이라는 야스퍼스의 표현은 타당하다. 왜냐하면 우리의 존재는 결코 우리 마음대로 만든 것이 아니기 때문이다. 하이데거와 사르트르는 함께 '사람됨'을 '나됨(Je-meiniges Sein)'으로만 이해하지만 우리는 역시 사람됨의 일반적인 규범을 전연 무시하지 못한다. 개인주의 사상의 극단적 표현으로서의 실존주의는 흔히 사람 존재의 일반적인 규범, 곧 보편성을 무시하지만 그러한 일반적인 규범은 사실 모든 문화권내에서 찾아볼 수 있다. 다만 그것이 불변의 이데아가 아니라는 것뿐이다. 우리는 이 일반적인 규범이 어디에서 오는 것인지를 알아볼 필요가 있다. 사람의 존재에서는 특수한 개성적인 부분이 전부가 아니고 보편적인 부분이 더욱 큰 기초적인 구조가 되어 있기 때문이다. '보편적'이라고 해도 물론 불변의 고정적인 본질을 말하는 것은 아니고 각 문화권 안에서의 '공통적'인 것을 말한다. 곧 일반적으로 이해되는 사람됨을 말한다.

8. 얼과 사람됨

　우리의 사람됨은 우리의 자유로운 결단에 의해서만 형성되는 것이 아니다. 다른 입장에서 살펴보면 우리의 사람됨은 역사적인 전통과 사회적인 환경에 의해서 숙명적으로 결정된다. 우리의 사람됨을 이룩함에 있어서의 자유로운 형성론과 숙명적인 결정론의 대립은 철학의 큰 관심거리가 된다.[30] 우리가 삶의 현상을 깊이 살펴보면 이러한 서로 반대되는 이론들이 모두 진리임을 알게 될 것이다. 우리는 순간순간마다 자유로운 결단에 의해서 우리의 사람됨을 형성해가지만 또한 우리는 우리의 사람됨이 나 자신의 힘이 아닌 다른 힘들에 의해서 결정된 선물임을 깨닫는다.

　이제 우리는 여기에서 우리의 사람됨을 결정하는 나 자신의 힘이 아닌 다른 힘들이 무엇인가를 알아보려고 한다. 나의 주관적인 힘이 아니고 우

---

30) Michael Landmann, *Kulturanthropologie*가 이 문제를 잘 다루어 주고 있다.

리의 사람됨을 결정하고 우리의 삶을 지배하는 객관적인 힘들이 어떤 성질의 것이냐는 문제이다.

역사적인 전통과 사회적인 환경이 그러한 객관적인 힘들이다. 역사적인 전통과 사회적인 환경을 이룩하는 것은 우리의 정치, 경제, 교육, 예술, 종교, 사상인데, 이 모든 것을 문화라는 말로써 포괄할 수 있다. 그러므로 우리의 사람됨을 결정하고 우리의 삶을 지배하는 객관적인 힘들은 사회적이고 역사적인 문화라고 할 수 있다. 곧 문화가 우리의 사람됨을 결정한다는 것이다. 그런데 문화는 사실 사람의 정신적인 산물(産物)이다. 모든 문화는 사람이 자연적인 조건들과 대결하면서 창조한 것이다. 정치제도, 경제기구, 교육제도, 사상체계와 예술, 그리고 종교의 전통 등은 모두 발생적으로는 사람이 창조한 것이다. 그러나 이러한 문화는 일단 이룩되면 객관적인 힘 혹은 보편적인 규범이 되어서 다시 반대로 우리의 사람됨을 결정하고 우리의 삶을 지배한다.

문화는 사람의 정신적인 산물이면서 그것이 객관화되고 보편화 되면 힘과 규범으로서 우리의 존재를 지배한다는 뜻에서 헤겔은 이를 '객관적인 정신(Objektiver Geist)'이라고 했다. 그런 뜻에서 우리는 이러한 우리의 존재를 지배하는 객관적인 힘 혹은 보편적인 규범을 '얼'이라는 우리말로써 표현하려고 한다. 얼은 우리의 사회적인 역사적인 문화 속에서 우리의 존재를 지배하는 힘이며 규범이다. 얼은 사회성과 역사성을 가졌다. 얼은 언제나 '나의 얼'이 아니고 '겨레의 얼'이다. 그리고 얼은 역사적으로 이룩되는 것이기 때문에 역사가 없는 겨레에는 얼이 없다. 이와 같이 사회적이고 역사적인 얼은 우리의 사람됨을 결정하는 객관적인 힘이며 보편적인 규범이다. 그러한 객관적인 힘에 제약되지 아니하고 빈 공간에 떠 있는 사람이나 그러한 보편적인 규범을 잃은 사람을 우리는 얼빠진 사람이라고 한다.

우리가 사람과 동물을 생물학적으로 비교해서 사람의 육체적인 기관들과 감각적인 기능들과 그 자연적인 본성이 아무리 동물의 그것들과는 다르고, 어떤 의미에서 우월하다고 할지라도 그것으로 우리가 사람의 본질을 이해할 수는 없다.

사람은 동물에서는 전연 생각할 수 없는 얼을 가졌다. 얼은 우리의 사람됨을 결정하는 객관적인 힘이며 우리의 삶을 지배하는 보편적인 규범이라고 했는데, 사실 우리는 이 얼에 의해서 동물과는 전연 차원이 다른 삶의 세계와 사람됨을 이룩한다. 사람이 얻은 모든 경험과 지식과 사람이 창조한 모든 제도와 기구와 도구, 그리고 예술과 종교 등이 객관화하고 전통화한 것을 우리는 얼이라고 했다. 그러므로 우리가 얼이라고 한 것은 헤겔의 객관적 정신이라는 개념을 넓힌 것이다. 사람은 이 얼에 의해서만 사람의 모습을 갖는다.

사람이 아무리 생물학적으로 동물들보다 우월하다 할지라도 만약 사람이 우월한 그 본성과 기능을 가지고 다른 동물들과 같은 위치에서 출발한다면 사람은 오늘날과 같은 삶과 사람됨을 이룩하지 못할 것이다. 다시 말하면 사람이 아무리 우월한 본성과 기능을 가졌다고 해도 만약 그가 언제나 다른 동물들과 같이 처음부터 곧 원시상태에서 출발해야 한다면, 사람과 동물은 본질적으로 크게 다를 것이 없을 것이다. 사람은 이미 축적(蓄積)된 경험과 지식을 가지고 있고, 사회적인 제도와 역사적인 전통을 가지고 있다. 사람은 처음부터 모든 것을 경험하고 생각하고 발견하고 창조할 필요가 없다. 사람은 조상이 남긴 오랜 역사를 통한 경험과 지식에서 쉽게 많은 것을 배우고 익히면 된다. 우리는 우리 앞에 쌓여 있는 오랜 경험과 지식 중에서 많은 것을 모방하기만 하면 된다. 우리가 아무리 스스로 위대한 것을 창조한다고 해도 우리가 긴 역사를 통해서 이어받는 것에 비하면 그것은 아주 보잘것없는 것이다. 이와 같이 오랜 경험과 지식의 축적은 사람의 존재의 모습과 삶의 양상(樣相)을 동물과는 전연 다른 높은 차원(次元)으로 올려놓는다.

사람의 존재의 모습과 삶의 양상은 우리가 일반적으로 생각하는 것보다는 훨씬 더 많이 그리고 더 깊이 자연적인 본성보다는 문화적인 전통에 의존한다. 오늘날의 역사학이 가르치는 바에 의하면 완전한 자연인(自然人)은 없으며, 가장 원시적인 사람이라도 문화를 가지고 있다. 그리고 오늘날의 인간학이 가르치는 바에 의하면 우리의 삶의 가장 기본적이고 보편적인 현상들, 곧 음식을 먹는 것, 생식(生殖)을 하는 것, 이웃과 사귀는 것, 자손을 기르고 교육하는 것, 이러한 모든 현상들에서 사람은 동물처럼 엄격하게 자연적인 법칙에 의해서 지배되지 아니하고, 오히려 문화적인 규범에 의존한다.[31] 우리가 이미 생물학적으로 살펴본 바와 같이 사람은 미완성의 열려 있는 존재이기 때문에 본래 제2의 천성을 필연적으로 요청하는 존재이다. 이 제2의 천성은 자연적인 것이 아니고 인위적(人爲的)인 것이며 문화적인 것이다. 그러므로 사람은 근본적으로 문화적인 존재이다. 흔히 우리들은 사람과 동물들이 공통적인 토대를 갖고 있는데, 다만 사람은 그 위에 덧붙여서 사람다움을 갖고 있다고 생각한다. 그러나 사람은 그 근본 토대로부터 사람다운 존재, 곧 문화적인 존재이다.

프랭클린(Franklin)은 사람을 도구를 만드는 동물(a tool making animal)이라고 했는데, 그는 여기서 진리의 일부분을 말했을 뿐이다. 사람은 도구를 만들 뿐만 아니라 기술과 윤리적 규범과 사회적인 질서와 서로 이해할 수 있는 말과 글을 만들었다. 그리고 또한 사람은 깊은 세계관과 아름다운 멋을 창조했다. 우리는 우리의 삶을 에워싸고 있는 이 모든 것을 자연스러운 것으로 느끼고 있지만, 그것들은 자연적인 것이 아니고 사람의 정신의 산물이며 따라서 문화적인 것이다. 사람이 이 모든 것을 창조했을 뿐만 아니라 이제 다시 이 창조된 문화가 객관적인 존재가 되어 우리의 사람됨과 삶을 결정하고 지배한다. 그러므로 사람과 문화와의 관계는 사람 편을 바라보면 사람이 문화의 피조물이고, 문화 편을 바라보면 문화가 사람의 피조물이다. 사람은 문화를 창조했는데, 이제 다시 문화 속

---

31) 희랍의 Sophist들은 이미 사람의 삶은 Physis에 근거한 것이고 Nomos, 곧 전통과 풍속에 의존하는 것이라고 했다.

에 객관화된 얼이 사람됨을 창조한다. 따라서 얼은 발생학적으로는 우리의 주관적인 정신에 의존하는데 현상학적으로는 우리의 주관적인 정신을 규제(規制)한다. 우리는 흔히 동양사상의 경향에 따라서 얼을 자연적인 것으로 생각하는 일이 있다. 그러나 얼은 분명히 자연적인 넋과는 달리 우리의 주관적인 정신에 근거한 사회적이고 역사적인 전통이다. 그러면서 다시 우리의 얼은 우리의 주관적인 정신과 삶과 존재를 규제하고 지배하고 결정한다. 왜냐하면 우리의 정신과 삶과 존재는 사회적이고 전통적인 규범에 의존하기 때문이다.

사람이 해부학적(解剖學的)인 기관이나 감각적인 기능에서 특이(特異)하다 할지라도 그것이 사람 존재의 전체는 아니다. 우리는 사람을 얼에 깊이 뿌리박은 존재로서 이해하지 않으면 안 된다. 자연적인 하부구조(下部構造)에 역사적이고 사회적인 상부구조(上部構造)가 필연적으로 그리고 불가분으로 연결되어서 사람됨을 이룩하고 있다. 사람의 해부학적인 기관들과 감각적인 기능은 자연적인 하부구조로서 사람이라는 종이 자연으로부터 받은 공통적인 유산이다.

우리는 이러한 자연적인 생명을 넋이라고 한다. 넋은 영원하고 변함없는 생명이지만 그것은 사람의 본질이 아니며, 자연적인 생명을 가지고 움직이는 모든 동물들도 넋을 가졌다. 사람의 본질은 그가 얼에 뿌리박고 있다는 데 있다. 그런데 얼은 넋과 같이 영원불멸의 고정적인 것이 아니고, 사회적이고 역사적이기 때문에 겨레의 문화적인 특색에 따라서 개성을 가졌고 시대에 따라서 성장하고 쇠퇴한다. 넋은 불변의 고정적인 형태를 가졌으며 하나하나의 자연적인 생명으로서만 존재한다. 그러나 얼은 언제나 '우리'의 얼로서 객관적으로 사회화하고 전통화했기 때문에 나의 자연적인 생명에 의존하지 않는다. 다시 말하면 나의 넋은 자연적인 나의 몸이 살아 있는 날까지만 나와 함께 있으나 우리의 얼은 겨레의 문화의 역사와 함께 있다.

사람의 사람다움은 그의 존재가 얼에 뿌리박고 있다는 데 있다고 하였다. 그리고 얼은 사회성과 역사성을 가졌다고 하였다. 그러므로 얼이 사회성을 가졌다는 것은 사람이 사회적인 존재라는 것을 뜻한다. 사람은 생물학적으로 미완성의 열려 있는 존재이기 때문에 그 완성되지 못한 부분을 위해서 문화적인 보충이 필요하다. 이것은 달리 말하면 사람은 혼자 있는 존재가 아니고 반드시 근본적으로 이웃과 함께 있는 존재라는 것을 뜻한다.

아리스토텔레스(Aristoteles)는 이미 사람이 사회적인 존재라는 것을 알고 있었다. 사회의 테두리를 벗어난 존재는 동물이 아니면 하나님이라고 그는 말했다. 여기에서 아리스토텔레스는 사람의 본질은 우리 한 사람 한 사람에게 주어진 절대적인 이성이라고 생각한 희랍시대의 개인 중심의 이성적 인간관을 초월하고 있었다. 근세와 현대에 들어와서는 사회적인 인간관이 많은 철학자들에 의해서 주장되었다. '사람은 사람들 사이에 있어서만 사람이 된다.' 그러므로 사람이 되기 위해서 사람은 이웃들과 함께 있어야 한다고 피히테(Fichte)는 말한다. 왜냐하면 사회가 우리의 사람됨의 결정하는 얼을 보존하고 있기 때문이다. 따라서 우리가 사람을 사회적인 존재라고 해도 그것은 사람이 개인으로서 가장 높은 값을 지니고 있는 개인적인 존재라는 것과 모순되는 것은 아니며, 다만 개인적인 인간관에서 한 걸음 더 나아간 것이다.

　동물들 중에서 일종의 사회를 구성하고 있는 동물들이 많다. 그러나 동물은 그의 사회에서 분리된 채 자라나도 역시 그 동물이 속한 종족의 습성과 모습을 그대로 가진다. 이미 우리가 생물학적으로 살펴본 바와 같이 동물은 이미 자연으로부터 특수하게 완성되어서 세상에 나타나기 때문에 어디서나 자연적인 본성이 그대로 나타난다. 그러나 사람은 삶의 편의(便宜)를 위해서 협약(協約)으로 사회를 구성하고 있는 데 불과한 것이 아니고, 사회를 통해서 우리의 사람됨이 비로소 이룩된다. 달리 말하면 사람은 사회 속에서 사람다운 사람이 된다는 것이다. 만약 사람이 우리 사회에서 분리되어 동물들 사이에서 자라나면 정신적으로 동물들과 거의 마찬가지로 둔할 뿐만 아니라 서서 걸어 다니지도 못하고 육체적인 생명도 오래 지속되지 않는다는 것이 생물학자들의 공통적이 주장이다. 그러나 우리는 사람의 본질을 사회적인 존재로만 이해하면 아직 부족하다. 우리의 사람됨은 역사적으로 쌓인 겨레의 모든 문화적인 전통에 참여함으로써 이룩된다. 우리의 사람됨은 역사적인 얼에 뿌리박음으로써 이루어진다는 것이다.

사람을 사람 되게 하는 얼이 역사성을 가졌다는 것은 사람이 역사적인 존재라는 것을 말한다. 현대에 들어와서 우리의 역사관에도 큰 변화가 일어났다. 지금까지 역사철학은 인류의 역사가 어떤 불변의 법칙에 의해서 움직이는 것으로 생각했다. 그러므로 역사의 모든 사건들과 시대들을 다만 그 불변의 법칙이 구체적으로 나타남으로 보았던 것이다. 역사가 불변의 법칙에 따라서 관념적인 규범을 향해서 발전하고 있다는 진보사상이나 혹은 반대로 그 관념적인 규범에서 떨어져 내려오고 있다는 몰락사상(沒落思想)이나 혹은 역사의 흐름의 오르내림을 생물의 성장과 쇠퇴와 같은 법칙에 의해서 파악하려는 역사관이나 혹은 역사를 자연현상과 마찬가지로 돌고 돌면서 되풀이하는 것이라고 생각하는 순환설(循環說)이 모두 그러하다. 그리고 사변적인 역사철학은 이와 같은 역사발전의 법칙을 전제로 하고 역사의 흐름을 여러 단계들로 구분하곤 했다.

　그런데 이러한 사변적(思辨的)인 역사철학은 그 기원에서 기독교의 신앙과 밀접한 관계를 가지고 있다. 하나님이 천지 만물과 사람을 창조하심으로써 시작된 역사는 메시야를 기다리는 구약의 시대를 거쳐 그리스도의 나타나심을 중심으로 해서 다시 이 그리스도를 선포하는 교회의 시대를 지나 하나님의 최후 심판을 종말로 한다는 역사관이 지금까지의 모든 사변적인 역사철학의 뿌리에 숨어 있었다. 그러므로 지금까지의 사변적인 역사철학은 역사의 흐름에서 어떤 불변의 법칙을 찾으려고 했으며, 또한 거기에서 초월적인 의미를 알아내려고 했다. 역사가들은 그러한 역사철학을 역사적인 사실을 왜곡(歪曲)하는 공허한 관념적인 구상이라고 배척했다. 왜냐하면 그러한 사변적인 역사철학은 역사가들이 역사적인 사실을 바로 연구하는 데 아무런 도움이 되지 않기 때문이다.

지금까지의 사변적인 역사철학과는 다른 역사에 대한 새로운 이해가 19세기 끝부터 20세기 시작 사이에 뚜렷해지게 되었다. 이 역사에 대한 새로운 이해는 이미 19세기 끝부터 싹트기 시작한 역사의식(歷史意識, geschichtliches Bewusstsein)에 의한 것이다.[32]

역사의식에 의하면 어떠한 역사적인 현상과 시대도 역사의 흐름의 목표로서의 초월적인 규범을 위한 수단으로만 생각될 수는 없다는 것이다. 역사적인 사건들이나 현상들은 자연과학이 자연현상을 다루듯이 그렇게 보편적인 법칙이 구체적인 모습으로 나타난 보기로서 다루어질 수는 없다는 것이다. 하나하나의 역사적인 현상들과 역사적인 시대들의 특수한 개성을 인정하는 것만으로도 부족하다. 역사적인 현상들과 사건들은 결코 보편적이고 초월적인 법칙의 구현(具現)으로 볼 수 없고, 철두철미 개성적이고 되풀이될 수 없는 일회적(一回的)인 의미를 가진 것으로 이해되어야 한다. 역사의식이라는 것은 역사를 개성적인 사건들인 현실들의 흐름으로써 이해하는 것을 말한다. 그러므로 역사적인 여러 시대들과 사건들은 어떤 초월적인 원리나 규범을 위한 수단으로만 이해될 수는 없고, 그 모든 시대들

---

32) Friedrich Meineke, *Entstehung des Historismus.*

과 사건들은 그들의 값을 그들 스스로 속에 지니고 있다는 것이다.

역사가 지향하는 초월적인 규범이나 혹은 형이상학적(形而上學的)인 의미나 그리고 또한 역사의 전체적인 흐름을 결정하는 보편적인 법칙을 사변하던 역사철학이 점점 물러나게 되고 역사적인 사건들과 현상들이 그 자체 속에 되풀이될 수 없는 가치를 가진 것으로 이해되면서부터 역사를 다루는 방법은 결국 묘사적 분석(描寫的 分析)으로 돌아간다. 역사적인 현상들을 억지로 하나의 원리나 법칙 속에 틀어넣어서 다루려는 무리를 감행하지 않고, 그 현상들을 그들의 여러 가지 특이한 모습들과 가치들과 성격에 따라 분석하고 파악하려는 방법을 말한다. 이러한 묘사적 분석의 방법은 역사적인 현상들과 사건들을 분석하면서 필연적으로 그 현상들과 사건들의 원동력(原動力)으로서의 주체를 묘사하고 분석하게 된다. 곧 역사적인 현상들과 사건들 속에서 역사와 더불어 씨름하는 사람의 존재를 분석하게 되었다는 것이다. 역사의 통일적인 의미에 대한 사변으로부터 사람의 존재의 분석에로 돌아온 이와 같은 큰 전환은 삶의 모든 현상들과 철학의 모든 문제들을 사람의 존재에 환원시키는 현대철학의 경향과 일치한다.

하이데거에 의하면 사람의 실존은 세계내존재(世界內存在, Das in der Welt Sein)인데, 이 세계내존재의 기본 성격은 역사성이다. 곧 사람은 역사적 존재라는 것이다. 세계내존재라고 할 때 세계라는 것은 우리의 삶의 일정한 환경과 조건들을 말한다. 그러므로 실존이 세계내존재라는 것은 사람의 존재가 그의 일정한 삶의 환경이나 조건들과 떨어질 수 없이 얽혀 있다는 것을 뜻한다. 이 얽힘은 필연적인 것이기 때문에 사람의 존재는 그의 삶의 환경과 조건들을 떠나서는 생각될 수 없다. 그런데 우리의 삶의 환경과 조건들은 역사적인 것이다. 다시 말하면 우리 삶의 환경과 조건들은 역사의 흐름으로서의 우리의 전통에 의한 것이고, 되풀이될 수 없는 특수한 일회성을 가졌다는 것이다.

우리의 생각과 행동은 역사적인 전통과 조건들에 의해서 규제 (規制)된다. 첫째로 우리의 생각을 함께 구성하는 우리의 말이 역사성을 가졌다. 그것은 역사적으로 발전한 것이며 다른 민족들의 말들에 대해서 언제나 뚜렷한 개성을 가졌다. 그뿐만 아니라 우리 생각의 대상도 생각의 방법도 역사적으로 변천하는 것이고 시대에 따라서 특징을 가졌다. 우리의 생각과 우리의 삶의 환경과 조건들이 역사성을 가졌으니 우리의 행동도 필연적으로 역사성을 가졌다. 우리의 생각과 행동과 삶이 역사성을 가졌으니, 우리의 사람됨도 역사적이 아닐 수 없다.

흔히 역사를 지배하는 것이 사람이냐 혹은 초인간적인 힘이냐고 묻는 사람들이 있다. 그러나 그들이 역사라고 하는 대상과 사람이라는 주체를 분리시켜 놓고, 그 둘 사이의 관계를 생각하려고 하는 한 그들의 질문 자체가 잘못된 것이다. 역사의 주체를 사람이라고 해도 우리의 사람됨은 이미 역사에 의해서 형성된 것이기 때문에 역사와 사람과의 관계는 일방적인 지배관계가 아니고, 서로 상대방에 의해서 결정되면서 상대방을 창조하는 복수적인 유동관계(流動關係)이다.

딜타이는 "나는 자연이며 또한 역사이다"라고 말했다. 사람을 그의 육체적인 기관들의 특이한 구조와 감각적인 기능 등에서 생물학적으로 관찰할 때, 그는 곧 자연이다. 사람의 생물학적인 생명이 끝나는 순간 그의 삶도 끝난다. 여기에서는 사람이 공통적이고 불변의 성격을 가졌다. 그러나 이러한 생물학적인 기초 위에 이룩된 우리의 사람됨은 역사적으로 이룩된 사건이며 따라서 역사이다. 우리의 사람됨은 역사적인 사건이기 때문에 보편적인 본질의 나타남이 아니고, 되풀이 될 수 없는 사건이다.

우리의 사람됨은 역사적인 사건이기 때문에 역사적인 제약 아래 있고 따라서 영원불변의 것이 아니다. 그러므로 우리의 사람다운 사람됨에서 영원불변의 본질을 찾아볼 수는 없다. 사람에게는 그러한 역사적인 사건으로서의 실존이 본질보다 앞선다.[33] 사람에게 영원불변의 것을 찾는다면 그것은 생물학적인 특징일 것이다. 우리의 사람됨의 내용은 역사적이기 때문에 변하는 것이다. 사람이 그의 실존적인 결단을 통해서 수직적으로 영원의 세계와 접촉하는 것이나 영원히 되풀이하는 자연 속에 조화하는 것은 다른 차원에서 다시 다루어져야 할 문제다.

우리의 사람됨은 사회적이고 역사적인 얼에 의한 것이라고 했다. 우리의 얼은, 다시 그것이 객관화하고 전통화해도 우리의 정신에 의해서 창조

---

33) Sartre의 '사람에 있어서는 실존이 본질보다 앞선다.'

적으로 보존된다. 창조적으로 보존된다고 말하는 이유는 우리의 얼이 고정적이고 보편적인 규범이 아니고 역사적으로 발전하는 것이기 때문이다. 문화는 자연적인 것이 아니고 역사적인 것이기 때문에 개성을 가졌다. 오늘날 우리가 세계적인 하나의 문화를 말해도 그것은 흔히 여러 가지 개성적인 전통을 가진 문화들 사이의 접촉과 교류가 활발해졌기 때문에, 그 공통적인 외면만을 두고 하는 말이거나 혹은 하나의 문화의 빛 아래서 다른 문화들이 업신여김을 당하는 것을 말한다. 그러나 모든 문화들은 근본적으로 제값을 스스로 속에 갖고 있으며 따라서 다른 문화의 척도(尺度)에 의해서 판단될 수 없다.

모든 개성적인 전통을 가진 문화들이 각각 제 소리를 발할 때 인류문화라는 큰 교향악이 우렁차게 들려올 것이다. 그러므로 우리의 얼은 발전하는 것임과 동시에 개성적인 것이다. 우리의 사람됨은 이러한 우리의 얼에 의한 것이다. 우리의 사람다운 사람됨은 우리 겨레의 얼에 의한 것이다. 그러므로 나는 한얼에 의한 한국 사람이고, 다음으로 다른 문화적인 전통에 의한 사람들과 조화한다는 의미에서 세계인이다.

9. 동일성과 믿음성

사람은 이미 이룩된 완결형이 아니고 언제나 새로운 가능성을 향해서 열려 있는 존재이다. 그러므로 사람의 존재형태는 나의 테두리 속에 갇혀 있는 '닫힌 꼴'이 아니고, 늘 나의 테두리를 넘어서는 '열린 꼴'이다. 이런 열린 꼴을 실존철학은 초월(Transzendenz)이라는 말로써 표현한다. 이런 뜻에서 "실존은 초월이다"라고 한다. 키에르케고르가 사람의 실존을 "나와 나 자신이 관계하는 것" 그리고 "나 자신과 관계함으로써 하나님과 관계하고 이웃과 관계하는" 관계구조라고 말하고, 특히 하이데거는 실존을 역사적이고 사회적인 '세계와의 얽힘(das in der Welt Sein)'에서 파악할 수 있는 것도 사람의 존재형태가 '닫힌 꼴'이 아니고 '열린 꼴'이기 때문이다.

사람의 존재형태가 '열린 꼴'이라는 것은 사람이 자기 자신의 존재를 스스로의 자유로운 결단과 역사적이고 사회적인 얼에 의해서 늘 새롭게 이룩해 간다는 것을 뜻한다. 따라서 사람의 존재가 형상적(formal)으로 열린 꼴이라는 것은 사람의 존재가 내용적으로 불변의 고정적인 것을 갖고 있지 않다는 것을 말한다. 이미 말한 바와 같이 사람은 영원불변의 본질을 가진 것이 아니고 역사와 더불어 변해간다는 의미에서 사람을 역사적 존재라고 한다. 그런데 이제 문제는 사람됨에서 불변의 것은 전혀 찾을 수가 없느냐는 것이며, 또한 사람의 존재가 만약 흐름과 같이 늘 이룩되어가는 과정에 지나지 않는다면 '나'의 동일성은 어디서 찾을 것이냐는 문제이다. 사람의 존재가 육체적으로 심리적으로 그리고 정신적으로 변한다 할지라도 시간의 흐름을 초월한 '나'의 동일성, 곧 오늘의 나와 내일의 나가 동일하다는 것을 무엇을 근거로 주장할 수 있을 것이냐는 것이다.

프랑스의 말로(Andre Malraux)의 아직 완성되지 못한 소설 『천사와의 싸움』의 제1권 "알텐불크의 느티나무들"[34] 사람에게 영원불변의 본질이 있느냐는 문제를 다루고 있다. 곧 현대 사상을 지배하고 있는 역사의식이 우리의 인간관에 미치는 영향이 어떤 것이며, 그 영향의 결과가 무엇인가를 이 소설은 말해 주고 있다. 이야기는 그 당시 한 옛 고을 알텐불크를 배경으로 한 것인데, 이 소설의 주인공의 할아버지 베르거(Dietrich Berger)의 자살이 실마리가 되어 그의 아들과 그의 아우 사이에서 이루어지는 대화에서 시작된다. 그러한 자살의 복잡한 동기를 어떻게 해석할 것이냐는 것이다.

---

34) Andre Malraux, *Lesroyeos de L'altenburg*, Paris, 1948

이 대화에서 두 가지 인간관이 서로 극단으로 대립된다. 곧 사람은 그의 본질을 스스로의 깊이 속에 간직하고 있다는 하나의 인간관과, 사람은 그의 행동을 통해서 비로소 스스로를 이룩한다는 또 하나의 인간관이다. 사람은 불변의 본질을 스스로의 깊이 속에 간직하고 있다는 것은 서양철학의 기초를 이룬 전통적인 인간관이다. 표면적인 여러 가지 모습들 뒤에 사람은 하나의 불변의 본질을 갖고 있다는 것이며, 이 영원불변의 본질에서 시대와 문화적 전통의 차이에 따라 여러 가지 다른 모습들이 나타난다는 것이다.

늘 변하는 표면 뒤에 숨어 있는 불변의 본질이 무엇이든지 이기적(利己的)인 욕망이든지 힘에의 의지든지 혹은 성(性)에의 욕망이든지, 그것은 하나의 고정적인 천성으로서 사람이 타고난 것이며 따라서 사람의 모든 행동과 삶의 표현들은 이 고정적인 천성을 통해서 이해되고 파악된다고 믿었었다. 그리고 이러한 사람의 본질로서의 숨어 있는 고정적인 천성을 찾아내기 위해서 사람의 마음을 분석하고 영혼을 파헤쳐 보았었다. 이것을 말로는 '비밀을 찾는 심리분석'이라고 말하고 있다.

그런데 이러한 '비밀을 찾는 심리분석'은 말로에 의하면 특수한 구라파적인 생각이며, 그 근원은 기독교의 신앙에 뿌리박고 있는 것이라고 한다. 사람의 존재의 깊이 속에서 불변의 비밀을 찾으려는 것은 태초에 하나님이 사람을 그의 형상대로 창조하셨다는 기독교의 신앙에 직접 간접으로 영향을 받은 것이라고 한다. 그러므로 다른 문화적인 전통 아래서는 이러한 '비밀을 찾는 심리분석'이 그대로 추구되지 않는다는 것이다. 따라서 구라파 문명권 안에 있는 사람들이 마음과 영원의 깊이를 들여다보는 모든 수단을 동원해서도 역시 이를 통해서 발견할 수 있는 것은 현대 구라파의 인간이지 보편적인 '사람'은 아니다. 사람이 스스로의 존재의 깊이 속을 들여다보아도 거기에서 만날 수 있는 것은 보편적인 영원불변의 사람의 본질이 아니고, 시대적이고 역사적인 개성을 가진 나 자신인 것이다. 만약 우리가 사람의 보편적인 비밀을 찾으려면 인류역사에 나타난 모든 시대들과 문화들의 여러 가지 모습들을 전체적으로 살펴보아야 할 것이다. 이것은 바로 딜타이의 사상과 일치한다. 딜타이는 말하기를 사람은 직관을 통해서 자기 자신을 인식할 수 없고, 다만 역사 속에서만 자기 자신을 이해할 수 있다고 했다.

19세기에 크게 발전한 문화사와 인류학의 역사학적 연구에 의해서 밝혀진 그렇게도 서로 다른 문화적인 현상들, 서로 너무나도 먼 거리를 갖고 있는 정신적인 구조들과 삶의 형태들 배후에 과연 이러한 역사적인 변화와 여러 가지 모습들과 큰 차이를 초월한 불변의 본질이 사람에게 있을까라는 물음에 대해서 역사의식을 갖는 현대 철학자들은 대체적으로 부정적인 대답을 할 것이다. 그러므로 말로는 여기에서 사람은 스스로의 깊이 속에 불변의 본질을 간직하고 있다는 인간관에 반대되는 다른 하나의 인간관을 말한다.

사람은 스스로의 깊이 속에 보편적인 불변의 본질을 간직하고 있는 것이 아니고, 사람은 그의 역사적이고 사회적인 세계 안에서 삶을 통해서 비로소 스스로를 이룩한다는 것이다. 다시 말하면 사람은 일하면서 그의 삶의 세계를 건설할 뿐만 아니라 그의 일을 통해서 스스로를 창조한다는 것이다. 사람은 고정적인 불변의 본질을 갖고 있지 않기 때문에 이른바 '비밀을 찾는 심리분석'은 헛된 수고라고 한다. 사람의 역사적이고 사회적인 삶과는 분리되어서 그 뒤에 숨어 있는 불변의 본질은 없다. 사람은 그의 삶에서 창조적인 기능, 곧 '일'을 통해서 스스로를 형성하고 변화시킨다. 이것은 말로의 사상일 뿐만 아니라 바로 딜타이의 인간관이며, 사르트르의 인간관이다. "사람은 그 자신이 창조하는 것, 그것 외의 아무것도 아니다"라고 사르트르는 말한다.

우리는 삶의 표현으로서의 문화의 여러 가지 모양들과 차이에도 불구하고 사람 자체의 보편적인 본질은 불변의 것이라고들 생각한다. 그러나 말로는 이 소설에서 그러한 보편적인 불변의 본질은 다만 하나의 신화(神話)이며, 지성의 꿈에 지나지 않는다고 말한다.[35] 문화는 표면적인 장식품이 아니고 우리 삶의 근본구조이며, 따라서 그 문화적 전통의 차이는 우리 삶에 의해서 이룩되는 우리의 사람됨의 깊은 핵심에까지 이른다. 그런데 모든 문화는 각각 자신의 특수한 삶의 지평(地平)을 갖고 있다. 이 특수한 지평 안에서 모든 정신적인 구조들, 곧 인간관, 윤리이념 또는 세계관

---

35) Andre Malraux, *Les royeos de L'altenburg.*S.146.

등은 스스로의 절대적인 확실성을 믿고 있다. 사람은 이러한 삶의 지평 속에 살고 있으며, 따라서 그의 생각과 행위의 존재가 이 지평 속에서, 이 지평에 의해서 지배된다. 그러나 사람들은 그들이 그 속에 살고 있는 이 삶의 지평을 의식하지 못하며 그것을 앎의 대상으로 만들지도 못한다. 그것은 마치 우물 속에 사는 고기가 우물을 의식할 수 없는 것과 같다고 말로는 말한다.

사람은 이러한 지평 속에 살면서 우리가 이미 살펴본 바와 같이 스스로의 자유로운 창조기능과 문화적인 전통으로서의 얼에 의한 피조적인 결정에 따라서 사람됨을 이룩해간다. 그러므로 사람에게 역사를 초월한 불변의 본질은 없다. 그런데 이러한 인간관은 사실 그것을 철저화하면 매우 어려운 문제를 우리 앞에 가져다준다. 곧 모든 시대들과 민족들과 문화적인 전통들의 차이를 초월한 사람의 동일성은 전혀 찾을 길이 없느냐는 문제이다. 말로의 이 소설의 근본 뜻은 이 물음에 대답을 시도해 보려는 것이다. 만약 사람이 그의 역사적이고 사회적인 삶의 형태와 더불어 늘 변하는 존재이어서 시간을 초월한 동일성을 전혀 찾을 수 없는 존재라면, 우리의 삶과 그의 역사는 전혀 의미가 없는 것이 되어버린다. 그러므로 이 문제는 매우 어렵고도 중요한 문제이다.

사람의 초시간적인 동일성을 어디서 찾을 것이냐는 물음에 대해서 먼저 다음과 같은 자연주의적인 대답이 있을 수 있다. 곧 시대들과 민족들과 문화적인 전통들에 따르는 우리의 사람됨의 차이는 다만 정신적인 상부구조들의 차이라고 할 수 있고, 이에 대해서 자연적인 하부구조는 동일하지 않겠느냐는 것이다. 이것은 우리가 이미 생물학적으로 문제를 제시하고 살펴본 바와 같이 그러한 불변의 하부구조를 말하면 사람을 다만 하나의 동물로서 생각하는 것이 된다. 다른 동물들과 구별되는 점이 있다면 그것은 다만 미완성의 열린 가능성뿐이다. 그런데 우리가 여기에서 관심을 가지는 것은 사람 속에 있는 동물이 아니고 사람을 사람답게 만드는 것, 곧 사람다움을 특징지우는 것 그것이다. 그러므로 우리가 사람의 초시간적인 동일성을 자연주의적으로 추구하면 거기에는 아직 이룩되지 아니한 가능성으로서의 밑바탕이 있을 뿐이다.

다음으로 말로는 이 소설에서 말하지 않았지만, 여기에서 우리는 실존철학의 실존을 살펴볼 수 있다. 실존철학이 말하는 실존은 사람의 절대적이고 초시간적인 동일성을 표현하는 것이 아니냐는 것이다. 실존은 모든 상대적이고 가변적인 것을 초월한 인간 존재에 대한 절대적인 체험의 철학적인 표현이다. 그러나 이 절대적인 체험은 앞에서 말한 자연주의적인 차원에서 본 생물학적인 것은 아니고, 형이상학적인 것이지만 그것은 초시간적인 사람됨의 내용을 가리키는 것은 아니다. 본질이라는 개념과 실존이라는 개념의 구별에서도 잘 드러난 바와 같이 실존은 어떤 실재하는 내용을 표현하는 것이 아니고, 형상적인 존재방식을 표현하는 것이다. 그리고 또한 이 실존이라는 본래적인 존재방식 은 순간마다 다시 이룩되어야 하는 가능성이다. 그러므로 사람에게 '자연'이 다만 생물학적인 가능성으로서의 밑바탕이라면 '실존'은 다만 형이상학적인 가능성으로서의 형상이다. 그리고 실존철학은 사람이 그의 사람됨에서 역사적인 존재라는 것을 전제하고 있다. 따라서 실존철학은 늘 변하는 사람의 존재의 내용을 살피지 아니하고 특수한 형이상학적인 체험 아래서 사람의 존재의 형상적 구조(Formalstruktur)만을 다룬다.

그런데 말로가 여기에서 사람의 동일성의 문제에 대해서 처음부터 말하고자 하는 것은 다음과 같은 이야기이며, 이것은 우리에게 좋은 암시를 준다. 곧 시대들과 민족들과 문화의 전통들의 차이를 초월하는 사람의 동일성은 하나의 사실로서는 존재하지 않는다. 사람의 동일성은 다만 사람들이 실현해야 할 과제로서 주어져 있는 것이라고 한다. 곧 사람의 동일성은 실제적 사실이 아니고 창조적인 과제라는 것이다. 오늘날에 모든 민족들 사이에 교통과 문화적 교류가 활발해졌고 따라서 세계문화와 세계사가 거의 단일적으로 형성되어가고 있기 때문에 우리는 흔히 사람의 동일성이 실재적인 사실이 아니라고 할 때, 얼른 실감이 나지 않고 수긍이 가지 않을는지도 모른다. 그러나 우리가 세계문화를 말할 수 있게 되었다고 해도 그것은 단조로운 하나의 보편 문화를 말하는 것은 아니고, 여러 가지 다양한 특색들과 전통들의 조화를 뜻하는 것이 될 것이다. 특색있는 여러 가지 멜로디들이 각각 제 소리를 나타냄으로써 전체적인 심포니를 만드는 것과 같은 뜻에서만 세계문화를 말할 수 있다고 할 것이다. 그리고 세계사를 말한다고 해도 그것은 세계의 모든 민족들과 모든 사회들이 자연법칙과 같은 하나의 법칙을 따라서 동일하게 발전하는 역사를 말하는 것은 아니다. 그리고 세계문화와 세계사를 말한다고 해도 그것은 역시 시간과 더불어 흘러가는 것이기 때문에 그 흐름에 의해서 이룩되어가는 사람됨의 동일성은 엄밀 하게 말하면 실재적인 사실로서 존재하지는 않는다.

사람의 동일성이 실재적인 사실이 아니고 창조적인 과제라는 것은 참으로 깊은 뜻을 가졌으며, 철학의 여러 가지 문제들에 대해서 훌륭한 암시를 주는 것이다. 이미 말한 바와 같이 사람의 동일성의 문제는 삶과 역사의 전체적인 의미의 문제와 직결된다. 사람이 시대들과 민족들과 문화적인 전통들의 차이에도 불구하고 이들을 초월한 동일성을 가졌느냐는 문제는 곧 우리의 삶이 그의 여러 가지 특이한 모습들과 쉴 새 없는 변화에도 불구하고 하나의 의미를 가졌느냐는 문제와 또한 이에 따라서 우리의 삶의 역사가 그 여러 가지 본질적으로 서로 다른 문화들의 모습과 그 끊임없는 변화와 흐름에도 불구하고 하나의 의미를 가졌느냐는 문제와 직결된다는 것이다. 그러한 특이한 모습들과 쉴 새 없는 변화에서는 사람도 삶도 역사도 하나의 밑받침을 잃어버리고 허공에 제멋대로 그려진 그림들이며, 무의 심연(深淵) 위에서 뛰노는 모험적인 춤에 지나지 않을 것이다. 사람도 삶도 역사도 사실 하나의 밑받침 없는 무(無)의 표현들이며, 거기에서 하나의 의미도 찾을 수 없는 것이기 때문에 창조적인 과제로서 주어져 있다는 것이다. 의미가 없는 삶의 의미를 창조하는 것이 사람에게 주어진 과제라는 뜻이다. 레싱(Theodor Lessing)의 '의미 없는 것의 의미 창조로서의 역사(Geschichte als Sinngebung des Sinnlosen)'[36] 라는 역설적인 표현을 우리는 여기에서 생각할 수 있다. 참으로 사람의 가장 위대한 과제는 사람과 삶과 역사의 의미를 창조하는 것이다. 이것은 곧 형이상학의 과제이며 종교의 과제이며 예술의 과제일 뿐만 아니라 우리의 윤리적인 과제이다. 이러한 뜻에서 말로는 사람의 영원한 동일성을 창조하는 것은 위대한 예술가의 과제라고 말한다.[37] 예술가들은 그들이 오이디푸스(Oedipus)와 햄릿(Hamlet)과 파우스트(Faust)와 카라마조프(Karamasoff)의 모습들을 그려내는 데 있어서 시간과 공간의 거리를 초월한 사람의 운명을 우리에게 알려준다. 시간과 공간에서 그렇게도 멀리 떨어진 이들은 창조적인 예술가를 통해서 형제처럼 서로 닮은 모습으로 나타나며, 우리들로 하여금 사람의 운명의 더욱 깊은 곳을 들여다보게 한다. 다시 말하면 예술가들은 우리를 시간과 공간과 죽음에서 해방하는 것, 곧 사람의 영원한 동일성을 드러내는 창조주의 기능을 가졌다고 한다. 그러므로 사람의 초시간적인 동일성은 실재적인 자연성(Naturbeschaffenheit)속에서 찾아지는 것이 아니고 사람으로 말미암아 창조된 정신의 세계 속에서 찾아진다는 것이며 이 정신의 세계는 말로에 의하면 무엇보다도 예술적인 세계 구성에서 이루어진다. 예술의 원래의 과

---

36) Theodor Lessing, *Geschichte als Sinngebung des Sinnlosen, Aufl,* München 1921.

37) Andre Malraux, *Les royeos de L'altenburg*.S.112.

제는 우리에게 낯설은 사실의 소재들, 곧 그 자체로는 의미가 없는 역사의 소재들, 다시 말하면 부조리한 세계를 창조적으로 다루어서 하나의 밝혀진 의미있는 세계를 이룩하는 것이다. 그러나 이것이 어떻게 말로가 생각하는 것처럼 예술만의 과제이겠는가. 그것은 바로 철학의 과제이며 종교의 과제이며 근본적으론 우리의 삶의 과제이다. 물론 예술이라는 개념을 넓게 해석하면 우리의 문화적인 삶을 전체적으로 표현할 수도 있다.

말로는 여기에서 사람의 동일성의 문제를 소설의 사건들과 이를 계기로 한 대화들을 통해서 다루고 있기 때문에 하나의 결정적인 이론을 논리적으로 전개시키고 있지는 않다. 여기서는 어떤 논리적인 결론이 나타나 있는 것이 아니기 때문에 무엇이 이 문제에 대한 자신의 결론인가를 속단하기는 어렵다. 이 소설의 주고받는 대화들을 통해서 사람의 동일성의 문제성 자체를 명백히 드러내고, 이에 대한 여러 가지 가능한 해답들을 시도해 보았을 뿐, 마지막 결론은 내리지 않았다. 아니 내릴 수 없었다. 이것은 모든 어렵고 심각한 문제를 다루는 데 있어서 소설과 같은 문학적인 표현형식이 합리적인 논리체계의 표현형식에 대해서 갖는 장점이며 동시에 단점이다. 사람에게 영원불변의 본질은 없다고 해도 이 소설의 대화에 참여한 사람들 중에는 역시 '근본적인 밑바닥'에는 모든 시대들과 문화의 전통들과 정신생활의 차이를 넘어선 순수한 인간성이 있다고 믿는 사람들도 있었다. 그래서 이 소설의 마지막 부분에는 제2차 세계대전중의 포로수용소의 얘기와 소설의 제목대로 알텐불크의 언덕 위에 서 있는 느티나무들에 대한 얘기가 나타난다. 포로수용소 안에서 여러 가지 종류의 사람들의 여러 가지 모양의 얼굴들이 그 수용소 안의 절박한 생활로 말미암아 점점 변화해 가는 것을 그려낸 다음 드디어 현대 문화인의 모습 뒤에 숨어 있는 원초적인 얼굴들이 되어가는 과정을 묘사하고 있다. 그 원초적인 얼굴, 곧 역사 이 전의 초시간적인 모습은 몇 천 년 동안 반복되는 역사의 오르내림의 비극들을 연출하고, 이를 체험하면서 넘어온 모습이다. 마지막으로 이 소설은 대화의 주인공들이 모여 있던 알텐불크의 옛 성 안에 있는 도서실 여기저기에 놓여 있는 여러 가지 조각품들에 관심을 돌린다. 그 조각품들은 몇 백 년 동안 내려오면서 여러 시대들의 여러 조각가들에 의해서 만들어진 여러 가지 모양의 작품들이지만 그것들은 모두 한결같이 저 언덕 위에 힘차게 가지들을 뻗고 있는 느티나무로서 만들어져 있다. 시대의 흐름과 역사의 오르내림을 비웃듯이 말없이 언덕 위에 서 있는 저 고목들이 바로 거기에서 여러 가지 모양의 조각품들이 만들어질 수 있는 바탕이 아니냐는 것이다. 모든 창조의 바탕으로서의 위대한 자연을 말하는 것이다.

생명의 원천인 것처럼 힘차게 뻗어 있는 이 느티나무들이 상징하는 '자연'이 더 엄밀하게 말하면 무엇을 뜻하는 것인지 밝혀지지는 않았다. 이 소설은 다만 그 늠름한 느티나무들을 묘사하는 시적인 귀절들로써 끝을 맺고 있다. 이렇게 시적으로 표현된 '자연'이 사람됨의 여러 가지 모습들과 그 변화를 밑받침하는 것이라 할지라도 그것은 우리가 이미 살펴본 사람의 생물학적인 하부구조를 말하는 것은 아니고, 예술가의 직관에 의해서 밝혀지는 어떤 생명적인 밑받침을 말하는 것은 틀림없다. 이 소설은 그것이 다른 문제, 곧 사람의 동일성의 문제에 대한 논리적인 결론을 이러한 시적인 표현으로 회피하였지만, 이 소설이 철학을 위해서 제시하는 중심 이념은 사람의 동일성이 실재적인 사실이 아니라 할지라도 역시 우리에게 주어진 창조적인 과제라는 사상이다.

그런데 여기에서 더 철저히 밝힐 필요가 있는 것은 '창조적인 과제'의 뜻이다. 사람의 동일성은 실재적인 사실로서 발견될 수 있는 것이 아니고 정신적인 세계에서 창조적으로 이룩되어야 할 과제라는 뜻인데, 여기서 '창조적으로 이룩되어야 한다'는 것은, 없는 것을 '만들어 낸다'는 뜻으로나 혹은 숨어 있는 것을 들어 낸다는 뜻으로 해석될 수는 없다. 없는 것을 만들어 낸다면 그것은 허구에 지나지 않을 것이며, 숨어 있는 것을 그대로 들어낸다면 그것은 '비밀을 찾는 심리분석'으로 만족한 것이지 창조적 과제는 아니다. 칸트의 이성적 이념들처럼 오성적인 인식의 영역, 곧 현상의 세계에는 없는 이데아도 아니다. 다시 말하면 사람의 동일성은 오성의 인식 기능으론 파악되지 않으나 우리의 형이상학적인 이성이 갖고 있는 이데아도 아니라는 것이다.

사람의 동일성은 삶의 밑바닥 없는 깊이로부터 이룩되어 나타남으로써 현실화할 수 있는 과제이며, 그것을 통해서 사람이 시대들과 민족들과 문화적 전통들의 틀을 초월하고 따라서 시간과 공간과 죽음에서 해방되는 것을 말한다. 그러므로 창조적인 과제로서의 사람의 동일성은 우리의 지식의 흥미를 위한 문제가 아니고 삶의 가장 심각한 문제이다.

사람의 불변의 동일성은 자연적으로 주어져 있는 사실이 아니고 우리의 예술적이고 종교적이고 윤리적인 과제라고 했는데, 이 문제를 더 구체적으로 설명하기는 어렵다. 왜냐하면 그것은 영원한 과제이기 때문이다. 그런데 이제 우리의 삶의 더 절실한 문제는 민족과 시대를 초월한 사람의 동일성이 아니고 오늘의 '나'와 내일의 '나' 사이의 동일성의 문제이다. 나의 몸과 마음이 쉴 새 없이 변하는 시간의 흐름 속에서 현재의 내가 곧 과거의 나이며 또한 미래의 나라는 동일성을 어디서 찾을 것이냐는 문제이다. 곧 '나'의 초시간적인 동일성의 문제이다. 이 문제를 두드러지게 다룬 철학자들은 리프스(Hans Lipps)와 마르셀(Gabriel Marcel) 그리고 볼노오(Otton F. Bollnow)등이다. 그들은 사람의 삶의 하나의 현상인 '약속'을 주목하고 이를 현상학적으로 해석하고, 사람이 약속에서 보여주는 '믿음성'과 '나의 동일성'의 관계를 살핀다. 리프스는 그의 책 「말의 구속성」(Die Verbindlichkeit der Sprache)[38])에서 약속(Versprechen)에 대한 관찰이라는 제목 아래 '믿음성'의 의미를 밝히려고 했고, 마르셀은 그의 「존재와 소유」(Etre et Avoir)[39])에서 '믿음성'의 본질을 해석학적으로 분석하고 믿음성이 존재론적으로 갖는 중대한 의미를 밝히고 있다. 그리고 볼노오

---

38) Hans Lipps, *Die Verbindlichkeit der Sprache*. Frankfurt a.m. 1944.
39) Gabriel Marcel, *Etre et Avoir*, 1935.

는 그의 「말의 힘」(Die Macht des Worts)[40]이라는 현대 언어 철학의 교육학적 의미를 살핀 책에서 '믿음성'이 윤리적인 의미뿐만 아니라 언어철학적인 그리고 인간학적인 의미를 갖는다는 것을 말하고 있다. 이들은 우리의 삶의 하나의 현상인 '약속'에서 출발해서 이 약속의 현상에서 나타나는 '믿음성'의 본질을 해석하고, 거기에서 나의 동일성의 창조를 논하려고 한다.

이들은 모두 '사람은 고정적인 물건이 아니고 드라마이다'라는 인간관을 전제로 하고 있다. 따라서 '나'라는 것도 하나의 흐름의 과정이며, 이러한 움직임 배후에 있는 고정적인 '나'는 존재하지 않는다. 그러므로 여기서도 나의 동일성의 문제가 중요한 문제로서 나타난다. '나'의 핵심을 표현하는 여러 가지 심리학적인 개념들도 오늘날에 와서는 의미가 없다는 것이 드러났다. 그럼에도 불구하고 사람들은 그의 이웃과의 공동생활에서 서로 내일을 약속한다. 사람은 육체적으로 심리적으로 혹은 환경의 조건들과의 관계에서 오늘의 '나'가 내일의 '나'와 동일성을 가졌다는 것을 보장할 근거가 없음에도 불구하고, 사람은 내일을 위해서 약속을 한다. 사람은 그의 내부적인 상태에서 그리고 외부적인 조건에서 늘 변한다. 그의 생각도 감정도 기분도 변한다. 그러므로 엄밀한 의미에서 오늘의 나는 벌써 어제의 나는 아니며, 내일의 나는 오늘의 나와 동일하지 않다. 그러나 오늘의 나는 내일을 위해서 약속을 하고 그 약속을 모든 내적인 상태와 외적인 조건

---

40) O.F. Bollnow, *Die Macht des Worts*, 1964.

의 변화와는 상관없이 믿음성 있게 지킨다. 약속은 내일을 미리 아는 것과는 상관이 없고 다만 믿음성의 의지에 의존하는 것이다. 그러므로 이 약속의 현상에서 드러나는 것은 사람이 나의 내적인 그리고 외적인 움직임과 변화에도 불구하고 믿음성을 통해서 영속적인 나의 동일성을 이룩한다는 놀라운 사실이다. 모든 실재적인 움직임과 변화 속에서 '나'라는 윤리적인 그리고 형이상학적인 실체가 삶의 믿음성을 통해서 비로소 이룩된다는 말이다. 여기에 믿음성의 위대한 존재론적인 의미가 있다. 다시 말하면 윤리적인 혹은 형이상학적인 실체로서의 나의 불변의 동일성은 실재적인 혹은 심리적인 사실로서 주어져 있는 것이 아니고, 흐름과 변화를 초월한 믿음성을 통해서 창조된다는 것이다. 이런 뜻에서 마르셀은 '조적인 믿음성'[41]이라고 말하고 있다. 믿음성 있게 참여하고 충실히 주어진 과제들을 약속으로서 지키는 사람은 시간의 흐름을 지배하고 그의 영원한 참다운 존재를 창조한다. 영원한 참다운 존재라는 것은 나의 영원한 동일성이다.

마르셀이 말하는 '창조적인 믿음성(fidélété creatice)'은 두 가지 뜻을 갖고 있다. 하나는 약속을 충실히 지키려는 의지에서 드러나는 신의(信義)를 말하며, 다음으론 성실한 약속에서 다른 사람들이 나에 대해서 갖는 신뢰(信賴)를 뜻한다. 다시 말하면 나의 너에 대한 신뢰를 함께 뜻한다. 그래서 우리는 이 말을 '창조적인 믿음성'이라고 번역한다. 믿음성은 믿음의 능

---

41) Gabriel Marcel, *Existialisme Chretien*, S. 246.

동성과 수동성을 함께 말한다. 이 두 가지 뜻을 함께 가진 데에 마르셀이 말하는 '창조적인 믿음성'의 참다운 의미가 있다.

리프스와 마르셀과 볼노오 등이 말한 약속의 현상학에서 나타난 창조적인 믿음성의 의미를 다음과 같이 간추려서 설명할 수 있을 것 같다. 첫째로 약속의 현상에서 보여주는 믿음성은 자아창조(自我創造)의 행위이다. 한번 사람의 입 밖으로 나온 말은 적극적으로 취소하기 전에는 지워버릴 수 없는 초시간적인 사실이 된다. 그러므로 사람은 그의 말에 대해서 충실하고 믿음성을 지킴으로써 순간적인 흐름과는 대립된 나의 존재를 창조한다. 이러한 나의 존재는 물건과 같이 주어져 있는 실재적인 존재는 아니고, 자신의 행동, 곧 더 엄밀하게 말하면 자신의 믿음성 있는 삶에 의해서 창조되는 존재이다. 둘째로 믿음성을 통해서 사람은 그의 역사적이고 사회적인 삶의 세계에 대한 책임 있는 참여가 가능하게 된다. 믿음성을 통해서 시간의 흐름을 초월한 나의 존재, 곧 인격이 이룩되고 따라서 사람의 회피할 수 없는 삶의 세계와의 얽힘에서 책임 있는 참여가 가능하다는 말이다. 그리고 반대로 참다운 책임 있는 약속과 이런 약속을 비로소 가능하게 하는 믿음성은 또한 사실에 있어서는 '나'라는 초시간적 동일적 존재의 전인적(全人的) 책임 있는 참여에 근거한 것이다. 곧 절대적인 책임 있는 삶의 참여와 나의 동일성을 창조하는 믿음성은 윤회적인 상관관계를 갖고 있다는 말이다. 셋째로 믿음성을 통해서 이웃과의 공동체가 비로소 성립될 수 있다. 사람들은 언제나 자연적으로는 이웃을 나를 위한 이용가치에 따라서 인식한다. 그런데 믿음성을 통해서 비로소 자유로운 주체로서의 너의 인격이 인식된다. 그러므로 창조적인 믿음성은 나의 동일성뿐만 아니라 너의 동일성을 인식한다. 이렇게 해서 나라는 주체와 너라는 주체와의 관계는 믿음성을 통해서만 이루어질 수 있다. 그리고 또한 반대로 우리가 여기에서 믿음성이라 하는 것은 사실은 나와 너와의 관계에서만 현실화한다. 따라서 넷째로 믿음성을 통해서 나라는 좁은 틀을 초월한 이를 포괄하는 참다운 존재의 현실이 이룩된다. 믿음성은 나의 초시간적인 인격을 창조할 뿐만 아니라 이 초시간적인 인격이 거기에 뿌리박고 있고 얽혀 있는 하나의 포괄적인 존재의 현실을 창조한다. '나'의 존재 그리고 나와 같이 자유로운 주체로서의 너의 존재뿐만 아니라 또한 포괄적인 전체적인 존재 현실이 믿음성에 의해서 창조된다. 곧 창조적인 믿음성은 나의 동일성과 너의 주체성뿐만 아니라 초시간적인 하나님을 이룩한다.

창조적인 믿음성의 위대한 의미는 바로 여기에 있다. 사람은 믿음성을 통해서 그의 하나님을 이룩한다.

믿음성을 통해서 참다운 포괄적인 존재의 현실이 이룩된다고 했는데, 이 존재의 현실은 물건이 아니며 자연적인 실재적인 존재가 아니다. 믿음성을 통해서 이룩된다는 것은 칸트가 그의 인식론에서 말한 것처럼 실제적으로 존재하는 것이 다만 그 형상(form)에 있어서 창조된다는 뜻이 아니다. 단순한 환상이 아닌 참다운 존재의 현실이 믿음성을 통해서 비로소 이룩되고 드러난다는 뜻이다. 따라서 이 포괄적인 존재의 현실은 객관적인 실재적인 존재는 아니다. 창조적인 믿음성이 '이룩한다'는 것은 존재를 창조하고 계시한다는 뜻을 가졌다. 그러므로 존재의 계시와 존재의 창조는 분리될 수 없다. 믿음성 있는 삶은 나의 초시간적인 존재를 창조하고 자유로운 주체적인 인격으로서의 너를 창조하고 삶의 얽힘에서의 책임 있는 참여를 이룩하고 참다운 포괄적인 존재의 현실을 드러낸다. 이러한 뜻에서 마르셀은 하나님의 존재를 다음과 같이 이해한다. 하나님은 보편적인 확실성을 가지고 인정할 수 있는 객관적인 존재는 아니다. 하나님은 믿음성 있는 삶, 곧 믿음과 사랑과 소망의 실천 속에서 드러나는 하나의 현실이며, 따라서 믿음성 있는 삶을 떠나서 존재하는 것이 아니다.

사람이 무엇이냐는 문제는 이렇게 해서 내가 어떻게 살 것이냐는 문제로 넘어간다. 사람의 영원한 본질은 숨어 있는 것으로서 찾을 것이 아니고, 우리가 창조해야 하는 것이다. 그리고 나의 초시간적인 동일성 그것은 믿음성을 통해서 이룩되는 것이다.

10. 만남과 사람됨

　사람은 이미 완성된 닫힌 꼴이 아니고 늘 스스로를 이룩해 가는 열린 꼴이며 또한 사람됨은 스스로의 자유로운 결단에 의해서 뿐만 아니라 객관적인 얼에 의해서 결정된다는 것, 그리고 이러한 끊임없는 '됨'의 흐름 속에서 동일성을 창조하는 것은 다만 믿음성에 의한 것이라는 것을 우리는 살펴보았다.

　이제 우리는 마지막으로 사람의 그러한 '됨'의 현실이 유기적인 발전으로서 주관주의적으로만 이해될 수는 없다는 사실에 주목한다. 나의 사람됨은 언제나 새로운 그리고 결정적인 단계에서 늘 비약적인 성격을 가졌으며, 그리고 이러한 비약적인 변화는 어떤 의미에서도 주관화될 수 없는 현실로서의 너와의 만남을 통해서 실현된다는 사실에 대해서 우리는 깊은 관심을 갖는다. 그러므로 우리는 현대 실존주의 사상을 배경으로 나타난 '만남'의 개념을 여기에 끌어들인다. 물론 우리는 이미 사람이 홀로 있는 존재가 아니고 사회적인 존재라는 것, 그리고 주관적인 외로운 결단에 의해서 뿐만 아니라 객관화된 역사적인 전통으로서의 얼에 의해서 그의 존재가 결정된다는 것을 말한 바 있다. 그러나 여기 만남에서는 사람됨의 전연 새로운 전망이 그의 숙명적인 그리고 절대적인 성격과 더불어 나타난다.

만남(Begegnung)이라는 개념이 특수한 뜻을 가지고 눈에 띄게 나타난 것은 1920년대의 일이며, 이는 마틴 부버(Martin Buber)로부터 시작된다. 마틴 부버는 그 당시의 삶의 철학이 스스로 발전하는 '나'를 중심으로 해서 주관주의적으로 삶을 이해한 경향에 반대해서 삶은 참다운 자립적인 그리고 나의 주관에 의존하지 않는 객관적인 '너'와의 대결을 통해서만 이룩된다고 주장하였다. 이러한 '나'와 '너'의 대결이라는 현실을 드러내기 위해서 '만남'이라는 개념을 사용한다. 그는 네가 나와 만난다고 말하고, 삶을 이러한 만남을 통해서 이해하려고 했다. "모든 참다운 삶은 만남이다"[42]라고 그는 말한다. 그리고 마틴 부버는 베르그송(Bergson)과 마찬가지로 '너(人格)'의 세계와 '그것(事物)'의 세계를 구별한다. 너(Du)의 세계는 인격적인 만남의 세계이며 그것(Es)의 세계는 사물의 연관관계를 말한다. 사물의 세계는 하나의 보편적인 질서를 갖고 있으며, 이 질서 안에서 서로 다른 모든 사물들이 함께 나란히 존재한다. 그러나 만남의 세계

---

42) M.Buber, *Ich und Du* 1922.

는 이와는 다르다. 만남은 하나의 보편적인 질서 안에서 서로 나란히 존재하지 않는다. 다시 말하면 만남은 모두 함께 하나의 세계를 이룩하는 것이 아니고 모든 하나하나의 만남이 이미 각각 하나의 세계를 밝힌다.[43] 사물의 세계는 모든 사물들이 합쳐서 하나의 세계를 이룩하지만, 인격의 세계에서는 하나하나의 만남이 절대적이고, 따라서 하나의 만남 속에 전체 세계가 드러난다. 그러므로 사물의 세계에서 여러 사물들은 서로 상대적이지만, 인격의 세계에서는 하나하나의 만남이 절대적이다. 그리고 마틴 부버에 의하면 이러한 너와의 만남은 나의 계획이나 노력에 의해서 실현되는 것이 아니고 미리 알기 어려운 숙명적인 사건이다. 그런데 이러한 숙명적인 만남에서만 우리는 나의 참모습을 발견하고 나의 삶을 알차게 이룩한다. 그래서 그는 모든 만남을 우리에게 주어지는 '은혜'라고 표현했다.

마틴 부버에 이어서 고가르텐(Gogarten)이 이 만남의 개념을 신학(神學)의 영역으로 끌어들였다. 고가르텐은 만남의 개념을 통해서 이른바 변증법적 신학의 하나님과 인간과 신앙에 대한 새로운 이해를 표현하려고 했다. 그때까지의 주관주의적인 신학이 하나님을 우리의 마음속에서 체험되는 주관적인 존재로 이해하려는 경향을 가진 데 대해서 변증법적 신학은 하나님을 주관으로서의 나에 대립된 객관으로서의 너의 존재라고 이해한다. 그래서 바르트(Karl Barth)는 "하나님은 하늘에 계시고 사람은 땅

---

43) M.Buber, *Ich und Du*.S. 43.

위에 있다"[44] 고 말했다. 그러므로 인간도 이제는 그 속에 하나님의 모습을 지닌, 따라서 그것을 닦고 빛내면 되는 그러한 존재가 아니고 죄로 타락한 존재, 곧 하나님의 너에 대해서 대립되어 있는 나로서 이해되는 것이다. 이와 같은 하나님과 인간에 대한 이해를 토대로 해서 신앙을 '하나님과 사람의 만남'이라고 한다. 이렇게 해서 지금까지 신앙을 종교적인 '체험'이라고 하는 주관주의적이고 심리주의적인 이해에서 '하나님과 사람과의 만남'이라는 실존주의적 이해로 옮겨진다.

만남이라는 개념은 이와 같이 종교적인 영역에서 뿐만 아니라 우리의 정신세계 전체에서 하나의 시대적인 요청에 따라서 나타난 개념이다. 곧 우리의 정신세계에서의 심리적인 주관주의와 역사적인 상대주의를 극복하려는 요청에 따라서 나타난 개념이다. 모든 정신적인 현상이 늘 주관적인 체험으로 해석되고, 모든 정신적인 현상이 언제나 상대적인 사실로 이해된 그러한 시대에 만남의 개념은 우리의 정신세계에 하나의 새로운 빛을 던져 주었다. '만남'의 개념을 통해서 우리는 주관을 초월한 주객대결(主客對決)의 현실을 파악할 수 있게 되며, 또한 만남의 개념을 통해서 우리는 모든 상대주의를 초월한 절대적인 현실을 이해하게 되며, 그리고 또한 '만남'의 개념을 통해서 우리는 독백(獨白)의 세계에서 대화(對話)의 세계로 들어간다.

---

44) Karl Barth, *Römer Brief.*

우리의 삶의 세계에서 모든 현상들은 쉴 사이 없이 변해간다. 우리가 먹는 음식도 많이 달라지고, 우리가 입는 옷도 모양을 바꾸어 간다. 그리고 우리가 사는 집도 놀랄만치 변화한다. 옛날 사람들이 그렇게도 소중히 여겼던 상투와 갓도 이제 거의 그 흔적이 감추어지고 있다. 우리의 경제사정도 사회제도도 역사의 흐름과 더불어 변한다. 우리가 일상생활에서 쓰는 말들도 변한다. 늘 새로운 말들이 생겨날 뿐만 아니라 같은 말들도 새로운 뜻과 색다른 느낌을 나타내게 된다. 그러므로 우리의 생각하는 방법도 사상도 변하고, 우리의 행위를 결정하는 윤리적인 규범도 도덕도 변한다.

우리들이 문화라고 부르는 이 모든 인문사회 현상들이 늘 변한다는 사실에 대해서 오늘날 아무도 의문을 가지는 사람은 없을 것이다. 그러나 이와 같은 변화가 일직선적인 발전으로 이해되어서는 안 된다. 옛날 사람들의 갓보다 오늘날 우리들의 모자가 더 가치 있는 것이라고 주장할 수는 없다. 다만 갓은 옛날 사람들의 생활과 옷차림에 알맞게 되어 있으며, 모자는 오늘날 우리들의 생활과 옷차림에 알맞게 되어 있다. 갓은 갓의 독특한 개성을 가졌고, 모자는 모자의 독특한 개성을 가졌다. 예술도 윤리적인 규범도 사상도 그러하다. 그러므로 인문사회의 모든 현상들은 역사의 흐름과 더불어 변하는 것이므로 어느 것도 절대적인 것이 아니며, 또한 보편적인 것이 아니다. 그 모든 현상들은 다만 상대적이고 개성적인 성격을 지니고 있다.

이와 같이 상대적이고 개성적인 성격을 지닌 역사적인 현상들을 대상으로 하는 우리의 인문사회과학은 불가피하게 상대주의를 벗어나지 못한다. 보기를 들면 오늘날의 기독교 신학도 기독교만이 절대적인 종교는 아니고, 불교와 유교 등 모든 역사적인 종교들과 더불어 상대적이며, 이 모든 종교들은 어느 하나도 절대적인 가치를 가진 것은 아니며, 다만 특수한 개성들을 가졌다는 사실을 우선 그대로 받아들이지 않으면 안 된다. 문학사가들 앞에서는 단테(Dante)와 셰익스피어(Shakespear), 괴테(Goethe)와 톨스토이(Tolstoi)가 모두 상대적인 개성을 가졌으며, 역사상에 나타난 어떠한 문학도 절대적인 가치와 뜻을 가진 것은 아니다. 그리고 인문사회과학도 앞에서는 어떠한 정치적인 이데올로기도 절대적인 것이 아니며, 모든 정치제도와 이데올로기는 시대와 더불어 변화한다. 따라서 그것은 역사적인 조건들과 사회적인 환경에 따라서 상대적이며 모두 특수한 개성들을 가졌다.

이렇게 철저히 상대주의에 물든 오늘날의 인문사회과학을 위해서 이제 '만남'이라는 개념은 새로운 큰 방법론적인 의미를 갖는다. 이미 말한 바와 같이 기독교, 불교, 유교, 마호메트교 등은 아직 남아 있는 그리고 이미 사라진 여러 역사적인 종교들과 더불어 모두 상대적인 개성을 가진 종교들이다. 그러나 우리가 이 모든 종교들을 그들의 상대적인 개성들에서 이해하고 있는 동안 우리는 사실 그 어느 하나의 종교도 그 가장 깊은 본질에서 실존적으로 이해했다고 말할 수는 없다. 그 모든 종교들 중 어느 하나의 종교와의 실존적인 '만남'을 통해서 나와 그 종교의 핵심이 연결되면 이와 함께 그 종교는 나에게 절대적인 것이 되고, 단순한 개성적인 성격을 넘어서 보편적인 뜻을 갖는다. 그 만남은 어떠한 숙명적인 동기에 의한 것이라도 좋다. 어쨌든 그러한 만남을 통해서 다른 종교들은 빛을 잃어버린다. 문학사가의 경우도 마찬가지다. 단테와 셰익스피어와 괴테와 톨스토이를 모두 그 상대적인 개성들에서 이해한다는 것은, 사실은 그들 중 어느 하나도 잘 이해하고 있지 않다는 것을 말한다. 모든 것을 안다는 것은 아무것도 모른다는 것을 뜻한다. 그러나 그들 중에 한 사람 가령 괴테와 나와의 '만남'을 통해서 그의 문학의 본질적인 깊이와 접촉하게 되면 나에게 괴테는 상대적인 개성만을 가진 것이 아니고 절대적인 가치를 가진다. 정치적인 이데올로기에서도 그러하다. 모든 정치제도들과 정치이념들은 다만 이것들이 나타나게 된 역사적인 조건에 의존하는 것이며, 따라서 상대적인 것이라는 생각은 우리의 정치적인 삶에서 어떤 결정적인 순간에 큰 힘이 되지 못한다. 이와는 달리 삶의 어떤 숙명적인 계기에 의해서 하나의 정치적 이데올로기와 만나게 되면 그것은 나에게 움직일 수 없는 정치적인 신념이 된다.

아마 우리는 여기에서 인문사회과학분야에서 '신념'과 '인식'의 관계를 간단히 살펴볼 필요가 있을 것이다. 객관적인 분석에 의한 학문적인 인식이 주로 이성(理性)의 기능이라고 한다면, 가치판단에 근거한 주체적인 신념은 정서와 의지를 통합한 전인적(全人的)인 태도에서 오는 것이다. 그런데 이와 같은 '객관적인 인식'과 '주체적인 신념'은 실존적인 이해에서 서로 떨어질 수 없는 보충관계를 갖고 있다. 흔히 우리들은 깊은 연구 없이 상식적으로 생각하기를 '객관적인 인식'을 토대로 거기에서 단계적으로 '주체적인 신념'에 도달한다고 한다. 그러나 막스 베버(Max Weber)는 그의 인문사회과학 방법론에서 '과학적인 인식'은 주체적인 가치판단과는 아무 상관이 없다고 했다.[45] 곧 과학적 인식은 객관적인 사실을 사실대로만 밝히는 것이기 때문에 '주체적인 가치판단'과는 무관한 것이며, 또한 무관해야 한다는 것이다. 인간의 '이해'에서의 '객관적인 인식'과 '주체적인 신념'의 불가분의 관계를 통찰한다면 막스 베버의 주장은 잘못된 것이지만, 그러나 일면적인 정당성은 갖고 있다. 곧 '객관적인 인식'이 앞서고 거기에서 그대로 주체적인 신념이 결과되는 것은 아니라는 것이다. 그리고 또한 이미 말한 바와 같이 인문사회과학에서의 객관적인 인식은 우리에게 여러 현상들의 다양한 개성들에 관한 지식을 가져다 주지만, 주체적인 가치판단에 의한 절대적인 신념을 가져다 주지는 않는다.

그러나 참다운 실존적인 이해에서는 객관적인 인식과 주체적인 신념이 동본원적(同本源的)으로 서로 보충관계를 갖고 있다. 객관적인 인식이 없는 주체적인 신념은 독단주의에 빠지고, 맹목적이고 주체적인 신념이 없는 객관적인 인식은 상대주의에 빠지며 따라서 무력하다. 우리의 삶에서 힘이 되는 실존적인 이해에는 주체적인 가치판단에 의한 절대적인 신념이

---

45) Max Weber는 이것을 과학적 인식의 Wertfreibeit라고 했다.

함께 담겨 있어야 한다. 여기에서 우리는 인문사회과학을 위해서 방법론적으로 큰 의미를 가졌고 말한 '만남'의 개념을 더 잘 이해할 수 있게 된다. 여기에서 '만남'이라는 것은 객관적인 인식만을 말하는 것이 아니고 인식대상으로서의 너와 인식주체로서의 나의 전인적인 관계를 말한다.

그러면 이제 우리의 본론으로 들어가서 이와 같이 오늘날의 인문사회과학분야에서 시대적인 요청에 의해서 나타난 '만남'이라는 개념이 우리의 사람됨을 위해서는 어떤 의미를 가졌을까를 생각해 보자. 곧 우리가 우리의 사람됨을 이룩하는 데 있어서 '만남'이 어떤 의미를 가졌느냐는 것이다. 우리는 지금까지 우리의 사람됨이 스스로의 자유로운 결단에 의해서 뿐만 아니라 역사적인 전통으로서의 얼에 의해서 결정된다는 것을 말했으며, 또한 우리의 사람됨의 초시간적인 동일성은 믿음성을 통해서 창조된다는 것을 말했다. 그러나 이것만으로는 우리가 사람됨의 가장 중요한 일면을 놓칠 수 있다. 왜냐하면 지금까지는 대체적으로 우리의 사람됨이 주관주의적으로 관찰되었기 때문이다.

우리의 사람됨이 역사적인 전통으로서의 얼에 의해서 결정된다고 해도 이는 역시 인간에게 주어져 있는 내재적인 소질이 육성발전되는 것을 뜻하는 것이었다. 그러나 우리의 사람됨을 더 깊이 살펴보면 더 다른 본질적인 일면을 갖고 있다. 곧 주체로서의 나와 객관적인 존재로서의 너의 '만남'을 통해서 비약적으로 이루어지는 사람됨의 일면을 말한다.

우리는 사람됨의 이러한 더 본질적인 일면을 살펴보기 위해서 '만남'이라는 개념의 교육학적인 그리고 인간학적인 의미를 알아보자. 철학적 인간학의 모든 문제들은 곧 교육학적인 의미를 가지는 것이며, 따라서 사람됨의 문제도 직접 교육학의 문제가 된다. 그러므로 사람됨과 '만남'의 관계를 더 뚜렷이 드러내기 위해서 '만남'이라는 개념을 다른 교육학적인 개념들과 비교해 보자. 흔히 교육은 '사람을 만드는 것'이라고 이해되고 있다. 여기서는 '만든다'가 교육의 기본 개념이 된다. 이것은 교육을 수공업적인 기술과 같이 이해하는 것으로서 오늘날도 역시 교육자들과 많은 교육학자들까지도 의식적으로 혹은 무의식적으로 그러한 교육관을 갖고 있다.

그러나 이제 교육을 '사람을 기르는 것'[46] 이라고 이해하면 여기에는 전연 다른 새로운 교육관이 나타난다. '만들다'와 '기르다'는 전연 다르기 때문이다. '만들다'가 수공업적인 기술에 해당한다면 '기르다'는 식물재배(植物栽培)에 해당하는 말이다. '만들다'의 교육에서는 교육자가 피교육자를 마음대로 지배하면서 능동적으로 작용하는 것이지만 '기르다'의 교육에서는 교육자는 피교육자 자신이 자라나는 것을 도와주는 역할을 한다.[47] '만들다'의 교육에서는 일정한 목표를 달성하기 위해서 급하면 서두를 수 있지만 '기르다'의 교육에서는 교육자가 아무리 급해도 기다릴 줄 알아야 한다. 왜냐하면 사람이 육체적으로 혹은 정신적으로 자라나기 위해서 거쳐야 할 일정한 단계가 있고 따라서 일정한 시간을 필요로 하기 때문이다.

---

46) Herder, Humbolt, Goethe의 Bildungsidea가 그것이다.
47) 그래서 이런한 Wachsen-lassen을 negative Erziehung이라고 한다.

그러므로 기다릴 수 있는 인내심은 교육자가 지녀야 할 가장 기본적인 덕(德)이다.

교육은 사람에게 주어져 있는 모든 소질들을 전체적으로 자라나게 해서 하나의 조화있는 사람됨을 이룩하게 하는 것이라는 입장이 '기르다'의 교육관이다. 모든 사람들은 전체 인류가 가진 거의 모든 소질들을 갖고 있다. 그러나 그 모든 소질들의 배합비율은 모두 다르다. 여기에서 이른바 '개성(個性)'이라는 것이 중요한 뜻을 갖는다. 그런데 사람의 개성이 기형적 일방성(奇型的 一方性)이 되지 않고 조화있는 사람됨을 이룩하게 하기 위해서 사람은 다른 사람들과의 사귐을 필요로 한다. 사귐을 통해서 우리의 모난 일방성이 시정 된다. 모든 개인은 인류가 역사적으로 가진 거의 모든 소질들을 갖고 있기 때문에 이것을 전체적으로 조화있게 자라나게 하기 위해서 슈프랑거(Spranger)는 문화교육학(Kultur Pädagogik)을 말한다. 인류가 가진 모든 소질들은 지금까지 문화의 역사에 잘 나타나 있기 때문에 문화의 역사를 가르쳐 줌으로써 사람들이 지닌 모든 소질들, 특히 잠들어 있는 소질들이나 혹은 희미하게 시들어져 가는 소질들을 깨워 주고 자라나게 할 수 있다는 것이다. 슈프랑거의 이러한 문화교육학은 이른바 '기르다'의 교육관과 마찬가지로 괴테, 헤르더, 훔볼트 등으로부터 시작되는 네오휴머니즘에 근거한 것이며 또한 19세기 역사학의 발전에 크게

영향을 받은 것이다.[48]

지금까지 말한 '기르다'의 교육사상도 이제 심한 비판을 받게 되었는데, 그것은 오늘날 산업기술문명의 사회적인 조건들과 휴머니즘의 몰락과 실존주의의 영향에 의한 것이다. 오늘날 산업기술사회에서는 사람에게 주어져 있는 모든 소질들을 남김없이 전체적으로 조화 있게 자라나게 한다는 것은 하나의 사치스럽고 게으른 꿈에 지나지 않는 것처럼 여겨진다. 오늘날 산업기술 사회의 현실은 그러한 게으른 꿈을 위한 시간적이고 경제적인 여유를 갖고 있지 않다. 그리고 모든 소질들의 전체적인 조화보다는 하나의 특수한 소질이 많이 자라난 기술자가 요청된다. 그리고 제1차, 제2차 세계대전을 통한 우리의 체험은 사람이 그에게 주어져 있는 모든 소질들을 남김없이 전체적으로 기르기만 하면 천사처럼 착하고 아름다운 존재가 될 수 있다는 휴머니즘의 전통적인 신념을 뿌리로부터 뒤흔들어 놓았다.

이와 관련해서 제1차, 제2차 세계대전을 전후해서 서구문명의 특수한 새로운 정신적인 분위기를 배경으로 해서 나타난 실존주의는 지금까지 감추어져 있었던 인간 실존의 깊이를 드러냈다. 실존주의의 인간관은 다음과 같은 몇 가지 특징을 갖고 있다. 첫째로 실존주의는 그의 인간관에서 종래의 휴머니즘처럼 그렇게 낙관적이 아니다. 권태와 우울과 절망과 불

---

48) Spranger가 이론적으로 그의 Kultur Pädagogik을 Platon의 사상에 의해서 암시받은 것은 의심할 여지가 없다. 곧 platon은 인간의 마음의 세 부분들을 객관적인 사회의 세계급과 대응시켰다.

안의 정조(情調)를 통해서 체험되는 것이 인간의 실존이다. 인간은 그의 그날그날의 일상적이고 대중적인 삶에서는 본래적이 아닌 존재양식이며, 이러한 일상적인 인간으로 부터 본래적인 실존에로 돌아가는 길은 단계적으로 자라나는 길이 아니고, 단호한 결단과 결정적인 전환을 통해서만 가능하다. 여기에는 연속적인 성장보다는 비연속적인 비약이 필요하다.

둘째로 실존주의는 인간을 주관주의적으로 이해하지 아니하고 주관과 객관의 대립을 초월한 포괄존재, 곧 '세계내존재(Das in der Welt Sein)'로서 이해하려고 한다. 여기서 '세계내존재'라는 것은 마치 돌멩이가 우연히 항아리 속에 있듯이 그렇게 개체로서의 인간이 우연히 세계라고 하는 환경 안에 있다는 것을 말하는 것은 아니다. 하이데거가 말하는 '세계내존재'라는 개념은 인간과 그의 세계의 떨어질 수 없는 얽힘의 관계를 표현하는 것이다. 이 관계는 우연한 관계가 아니고 본질적인 것이다. 따라서 인간이라고 하는 개별적인 실체가 먼저 있고, 그 개별적인 실체가 이러 저러한 환경 세계 안에 있게 되는 것이 아니며, 그러한 고정적인 개체가 미리 있는 것이 아니고 다만 그의 환경세계와의 대응관계로서 이루어지는 사람됨이 있을 뿐이 라는 말이다.

셋째로 실존주의는 인간을 철두철미 자유를 본질로 하는 열린 꼴로서 이해한다. 여기에서 자유라는 것은 오늘날 정치적인 표어로서 사용되는 통속적인 자유를 말하는 것이 아니고, 인간에게 숙명적으로 주어져 있는 존재론적인 자유를 말한다. 인간은 이미 이룩된 완성품이 아니고 늘 자유로운 결단을 통해서 스스로를 이루어가는 존재이며, 따라서 초시간적인 불변의 이념적인 모습도 갖고 있지 않다는 것이다. 그러므로 인간은 모든 기계적인 그리고 결정론적인 법칙에 의해서 다루어질 수가 없는 존재이다.

이와 같이 실존주의가 밝혀낸 인간 실존의 세 가지 특징은 지금까지의 '기르다'의 교육사상이 근본적으로 불완전하다는 것을 알려준다. 첫째로 우리의 사람됨은 단계적으로 자라나기만 하는 것이 아니고 오히려 그 가장 결정적인 차원에서는 언제나 비약을 통해서 이룩된다. 둘째로 우리의 사람됨은 우리 안에 미리 주어진 소질을 기르면 되는 것이 아니고 주관과 객관의 세계를 포괄한 삶에 의해서 창조되는 것이다. 종래에도 교육에서 환경의 중요한 역할을 모르는 바 아니었지만 그것은 다만 자라나는 소질들을 도와주는 보조적인 조건들로서만 이해되었었다. 셋째로 인간은 자유를 본질로 하는 열린 꼴이기 때문에 우리의 사람됨을 다만 주어진 소질들을 기르는 것이라고 보는 사상은 근본적으로 들어맞지 않는다.

여기에서 나타난 새로운 개념이 '만남'이라는 개념이다. 나의 사람됨은 그 결정적인 차원에서는 언제나 너와의 '만남'을 통해서 비약적으로 이룩된다. '만남'은 기계적으로 계산할 수 없고, 그리고 미리 설계하고 예측할 수 없는 숙명적인 성격을 가졌다. 그러나 '만남'은 그것을 통해서 우리의 삶의 차원이 비약적으로 달라지고 삶의 방향이 바뀌어지는 그런 사건이다. 그러므로 교육을 '만나다'로 이해하면 '만들다'와 '기르다'에 있어서보다 교육의 모험적인 성격이 더 잘 밝혀진다. 사실 교육은 자유를 본질로 하는 열린 꼴로서의 인간을 상대로 하는 것이기 때문에 처음부터 모험적인 성격이 교육의 본질에 속한다. 교육자들이 흔히 그들의 직업생활에서 체험하는 좌절감은 이러한 교육의 모험성에서 오는 것이다.

우리는 흔히 우리의 삶에서 그러한 나와 너와의 만남을 통해서 우리의 사람됨이 다른 차원으로 비약적으로 옮겨지는 것을 체험한다. 사도 바울(Paul)이 다메섹에서 예수(Jesus)를 만나고 난 후 그의 삶이 전연 반대방향으로 전환된 것은 결단코 희귀한 하나의 사건은 아니다. 나와 너와의 '만남'에서 너는 반드시 살아 있는 인물이 아니라도 좋다. 역사적인 인물일 수도 있고, 문학 속에 창작된 인물일 수도 있고, 예술작품일 수도 있다. 그 것은 다만 하나의 주관화할 수 없는 객관적인 현실로서 나와의 전인적인 관계가 맺어지고, 이 관계를 통해서 나의 사람됨에 변화를 가져 오는 그러한 존재이면 된다. 지성이나 정서나 의지의 얄은 표면이 아니고 나의 존재의 깊은 곳과의 전인적인 연결이 여기서는 중요하다.

이런 점에서 '만남'은 '기르다'의 교육에 있어서의 '사귐'과는 근본적으로 구별된다. 만남에서는 사귐에서와 같이 조화 있는 발전이 문제가 아니고 전환과 비약이 문제이다. 그러나 교육학적인 개념으로서의 만남의 어려움은 그것이 우리의 교육적인 설계와 계획에 의해서 실현되는 것이 아니고, 숙명적인 삶의 계기에 의해서 일어난다는 것이다. 교육은 다만 이 만남을 위해서 준비할 수 있을 뿐이다. 그러므로 우리의 사람됨은 그 결정적인 단계에서는 늘 교육적인 노력을 비웃어버린다. 우리는 우리의 자유로운 결단과 역사적인 얼에 의해서 우리의 사람됨을 만들고 기르고 가꿀 뿐만 아니라 믿음성을 통해서 초시간적인 동일성을 창조하려고 애쓰지만 우리의 사람됨은 언제나 그 결정적인 단계에서는 모든 인간적인 설계를 벗어나고 인간적인 노력을 무시한다. 그러므로 우리의 사람됨은 우리의 모든 노력에도 불구하고 결국 은혜의 선물이다.

11. 사회적 존재로서의 인간

　우리는 사람됨의 배경일 뿐만 아니라 사람됨의 조건인 사회에 대해서 새로운 관심을 갖지 않을 수 없다. 실존주의는 인간을 너무나도 고독한 존재로서만 관찰했었다. 고향을 잃고 외롭게 떠도는 나그네의 모습이 바로 실존주의가 그린 인간상이었다. 그래서 실존주의는 만남의 현상도 개인의 차원을 넘어서 분석해 보려고 하지 않았다. 물론 실존주의가 인간은 사회적인 존재라는 것을 모른 것은 아니었다. 특히 하이데거가 '현존재(Dasein)'은 '공존(Mitsein)'이라고 말했을 때 혹은 인간존재를 '세계내존재(Das in der Welt Sein)'라고 규정했을 때 그는 바로 인간이 사회적인 존재라는 것을 강조한 것이다. 그러나 실존주의의 관심의 초점은 역시 '우리'가 아니고 '나'임에는 틀림없다. '나'라는 것은 언제나 '우리' 안에만 있다는 것을, 그리고 '나'의 모든 문제들은 언제나 '우리'의 문제들과 끊을 수 없이 연결되어 있다는 것을 실존주의는 주목하지 않았었다.

이제 우리가 외로운 '나'의 어지러운 심연만 들여다보고 있기에는 우리의 사회와 삶의 세계의 문제가 너무나도 절실해졌다. 급속하게 변화하고 있는 우리의 사회와 생태학적인 위협에 직면한 우리의 삶의 세계는 우리의 관심과 책임 있는 참여를 요청하고 있다. 여기에서 우리의 관심은 '나'로부터 '우리'로, 그리고 실존에서 사회에로 옮겨질 수밖에 없다. 사람됨의 문제도 사실 나의 문제에 그치지 않고 우리의 문제이며 사회의 문제이다. 사람됨의 문제는 나의 결단의 문제라기보다는 사회구조와 연결된 문제이다. 사람됨은 사회구조의 거울이며, 특히 조종의 기술이 발달한 산업사회에서 사람됨은 사회구조의 피조물에 불과하다. 나의 결단이 무의미한 것은 아니지만 그것은 반드시 사회적인 여건과의 관련 아래서만 의의가 있다.

　인간의 본성(本性)은 자연적으로 주어져 있는 것이 아니고 역사적으로 이룩된 것이라고 했다. 그래서 우리는 인간을 역사적 존재라고 했었다. 그런데 인간이 그의 본성을 역사적으로 이룩한다는 것은 곧 인간이 다른 인간들과 더불어 사회 안에서 생활하면서 그 사회가 지닌 문화적인 유산들을 습득하고 사회화된다는 것을 의미한다. 따라서 인간이 역사적으로 이룩한 그의 본성은 바로 사회성이다. 그러므로 인간이 역사적인 존재라는 것은 곧 인간이 사회적인 존재라는 것을 의미한다. 통시적(通時的)으로 관찰하면 역사적인 존재이고 동시적(同時的)으로 관찰하면 사회적인 존재이다. 우리는 인간의 본성을 역사적으로 변하는 것으로 생각하고 인간의 자기형성을 위한 책임을 강조했었다. 그러나 이제 우리는 인간의 본성이 사회적인 여건들과 불가분의 관계를 가졌다는 사실을 주목함으로써 사회적인 문제들에 대한 관심을 강조하지 아니할 수 없다. 오늘날의 대중적인 조직사회에서는 인간의 자기형성의 책임, 곧 사람됨의 책임은 적어도 제일차적으로는 사회에 있다. 왜냐하면 인간에게 '자연' 그대로는 바로 '동물'을 의미하는 것이고, 우리가 '인간성' 혹은 인간의 '본성'이라고 말하는 것은 문화의 역사적인 전통을 지닌 사회 안에서 그 사회로 말미암아 이룩된 것이기 때문이다.

인간은 처음부터 본질적으로 사회적인 존재다. 인간이라고 하는 존재는 사회 안에서만 혹은 적어도 사회와 더불어서만 생각될 수 있다. 사회를 떠난 인간은 관념적으로는 상상할 수 있어도 현실적으로는 존재할 수 없다. 사회를 떠난 존재는 동물이 아니면 천사일지 몰라도 인간은 아니다. 인간은 참으로 인간들 사이에서만 인간이다. 이것이 또한 '인간(人間)'이라는 글자의 뜻이기도 하다.

인간의 이러한 사회성에 대한 철저한 인식은 우리의 교육과 정치뿐만 아니라 우리의 모든 생활영역들을 위해서 큰 의미를 가졌다. 특히 우리 한국의 형편에서는 더욱 큰 의의가 있는 것으로 믿어진다. 교육에서, 정치에서, 기타 여러 생활영역들에서 우리는 너무 개인 혹은 개인을 중심으로 한 적은 집단을 위주로 살아왔다. 교육은 나 개인이 훌륭한 지위를 얻기 위해서 받는 것이고, 정치는 나 개인이 출세하고 권력을 쥐고 지배를 하기 위한 노름이고, 종교는 나 개인이 축복받고 구원받기 위한 길이며, 예술은 나 개인이 자아를 아름답게 표현하는 수단이었다. 나 개인과 나를 중심으로 한 적은 혈연의 집단이 잘 살기 위한 투쟁에서 늘 사회라고 하는 공동체는 업신여김을 당한다. 나는 이러한 소박한 개체주의를 건전한 사회의식에 뿌리박은 개인주의와 구별하고자 한다. 이러한 소박한 개체주의가 건전한 개인의식을 발전시킬 수 없다는 것, 그리고 이러한 소박한 개체주의가 결국 개인을 구할 수 없다는 것은 까다로운 논리를 거치지 않고도 이성적인 반성을 통해서 밝혀지는 진리이다.

아리스토텔레스는 이미 인간을 사회적인 존재라고 말했었다. 그가 말하는 '사회적 존재'라는 것은 인간은 본질적으로 다른 사람들과 공동체를 이룩하고 살게 되어 있다는 것이다. 인간의 삶과 그의 모든 경험은 언제나 사회적인 영역 안에서 이루어진다. 곧 다른 사람들과의 공동체를 전제한다는 것이다. 가정·학교·직장·민족·국가 등의 공동체가 그것이다. 인간은 개인으로서 먼저 존재하고 다음으로 어떤 공동체와 관계를 맺는 것이 아니다. 우리는 흔히 의식적으로 혹은 무의식적으로 그러한 잘못된 개체주의적인 생각을 갖고 있다. 인간은 본질적으로 처음부터 다른 인간들과의 공동체와 더불어서만 존재하는 것이다. 이것이 바로 아리스토텔레스가 말하는 '사회적 존재'의 뜻이다. 이러한 인간의 사회성을 오늘날의 인간학·철학·사회학·심리학은 여러 가지로 표현하고 있다.

19세기 이미 포이어바흐(Feuerbach)는 미래의 철학을 위한 원리로서 다음과 같은 명제를 제시했다. "인간이 그 본질에 있어서 도덕적인 존재라고 하든지 혹은 이성적인 존재라고 하든지 어느 쪽이든 그것은 고립된 개인을 의미하는 것은 아니다. 인간의 본질은 인간과 인간을 연결하는 공동체 안에 있는 것이다."[49] 도덕적인 양심이니 이성적인 지성이니 하는 것도 사실은 문화적인 유산의 모체로서의 사회 안에서 싹트고 자라나고 꽃피는 것이다. 그것들은 사회에서 분리된 인간에게는 설혹 그러한 비사회적인 인간을 상상해 본다고 해도 생각될 수도 없고 필요도 없다. 포이어바흐의 이러한 결정적인 시사를 이어받은 마틴 부버는 그의 철학적 인간학의 기본사상을 다음과 같이 표현한다. "인간 실존의 기본적인 사실은 인간이 인간과 함께 있다는 것이다."[50] 현대의 철학적 인간학의 시조 막스 쉘러(M.Scheler)도 거의 같은 생각을 가졌다. '모든 개인에게는 의식의 본질적인 부분에 이미 사회라는 것이 내면화되어 있다. 그리고 인간은 사회의 일부일 뿐만 아니라, 또한 사회는 관련 영역으로서 그 인간의 본질적인 부분이다. '나'가 '우리'의 일부일 뿐만 아니라 '우리'가 또한 '나'의 필연적인 구성요소이다.[51] 사회와 개인의 이러한 불가분의, 그리고 본질적인 관련 관계가 인간의 존재방식이라고 할 수 있다. 이러한 방식을 통해서만 인간존재가 성립된다. 하이데거도 다음과 같이 말한다. "다른 인간이 실제로는

---

49) L.Feuerbach. *Grundsätze der Philosophie der Znkunft.*1843. S. 59.

50) M.Buber, *Das Problem des Meunhen.* 1954. S. 165.

51) M.Scheler. *Wesen und Famen der Sympatbie*, 1923. S. 265.

존재하지 않고, 또한 다른 인간이 실제로는 지각되지 않을 때도 역시 공존 (Mitsein)이 존재론적으로는 현존(Dasein)을 결정한다. 독존(Alleinsein) 은 다만 공존의 변태에 불과하다. 독존의 가능성은 공존의 증거이다"[52] 이 러한 하이데거의 특수한 표현들 속에 담겨 있는 그의 사상은 바로 다른 인 간들과 함께 존재하는 공존이 인간존재의 본질적인 모습이고, 개인으로서 떨어져 있는 독존은 다만 공존의 변화된 특수한 형태에 지나지 않는다는 것이다. 그리고 인간이 홀로 독존할 수 있는 가능성, 곧 고독을 느낄 수 있 다는 것은 벌써 인간이 본질적으로는 사회 안에서 다른 인간들과 더불어 존재하는 공존이라는 것을 증명하는 것이라는 뜻이다.

심리학자 킴발 융(Kimball Young)은 인간이 철두철미 사회적인 존재 라는 것을 다음과 같이 말한다. "인간은 먼저 한 개인이고 다음으로 사회 의 하나의 구성분자인 것이 아니고, 인간의 실존과 그의 성품들이 이미 이 웃들과의 공동생활과 문화에의 참여를 통해서 이루어진 산물이다."[53] 개 인이 먼저 있고 그가 마음대로 필요에 따라서 사회의 일원이 되든지 안 되 든지 하는 것이 아니고, 개인의 존재와 성이 이미 사회 안에서의 공동생활 의 산물이라는 것이다. 그러므로 인간은 사회의 일원으로서만 개인이기 때문에 개인이라고 해서 사회를 초월하는 것은 아니다. 개인주의라는 것 은 상당히 높은 문화수준을 가진 사회의 산물이라는 것은 주목할 만하다.

---

52) M.Heidegger, *Sein und Zeit.* 1931.S.120
53) D.Kstz, *Handbach der Psychologie.* 1951.S.307

이미 말한 바와 같이 건전한 개인의식은 늘 건전한 사회의식을 토대로 해서만 자라난다. 고립된 개인이라는 것은 다만 관념적으로만 상상할 수 있는 추상적인 존재에 지나지 않는다. 사회를 떠난 혹은 사회 이전의 개인으로 서의 인간이란 하나의 순수한 '가상(Fiktion)'에 지나지 않는다.

우리의 이러한 주장은 결코 특이한 관점이나 철학적인 사변이나 형이상학적 교조에 의한 것이 아니고, 여러 가지 사실들이 이를 증명해 주는 것이다. 개인보다 사회를 더 존중하려는 특수한 가치판단에 의한 단순한 주장이 아니고 사실들에 근거한 진실이라는 것이다. 우리가 이 책 제6장에서 살펴본 인간의 생물학적인 특징이 우리의 이러한 주장을 뒷받침한다. 스위스의 생물학자 포트만(Portmann)은 그의 생물학적인 연구를 통해서 다음과 같은 사실을 밝혀냈다.[54]

곧 만약 인간이 그와 비교할 수 있는 다른 동물들처럼 육체적으로 완전한 조건들을 구비하고 출생하려면 일 년은 더 모태 안에 머물러 있어야 한다는 것이다. 다시 말하면 인간과 비교할 수 있는 다른 동물들은 거의 완전한 육체적인 기관들과 기능들을 가지고 태어나서 일정한 환경에 알맞는 행동양식과 생활방식을 자연으로부터 가지고 나오는데, 인간은 아직 전연 덜 완성된 채 출생한다는 것이다. 따라서 인간은 자연으로부터 물려받은 자연성에서는 전연 미완성의 육체적인 기능과 약한 본능만을 가졌다는

---

54) A.Portmann. *Biologische Fragmente zu siner Lehre vom Menschen*, 1944.

것이다. 그래서 인간은 그의 모태 밖에서, 곧 그의 삶의 환경인 사회 안에서, 그리고 사회에 의존해서 자신을 완성해 간다. 그러므로 인간의 인간으로서의 본성은 자연으로부터 물려받은 것이 아니고 사회에 의해서 이룩된 것이다.

인간의 성장도 삶도 역시 철두철미 사회에 의존한다. 우리의 의식주·교통·통신을 위해서 우리가 이용하는 모든 사물들 중에서 사회에 의존하지 않고 얻을 수 있는 것이 무엇인가를 생각해 보자. 나 개인이 그러한 사물들을 사회에 의존하지 않고 혼자서 창작해내야 한다면 우리가 얻을 수 있는 것은 아무것도 없을 것이다. 더욱 우리가 우리의 의식주와 교통·통신을 위해서 그러한 사물들을 생각할 수 있고 또한 그것들을 필요로 한다는 그 자체가 이미 사회를 전제로 하고서만 가능하다.

그리고 인간의 정신적인 육체적인 수요들의 충족은 대부분 개인의 자연적인 능력을 초월하는 것이다. 그뿐만 아니라 우리 모두의 삶을 위해서 중요한 여러 가지 과제들은 여러 사람들의 분업적인 공동작업을 통해서만 성취될 수 있다. 이것은 오늘날과 같은 기술문명의 시대에서만 그러한 것이 아니고 이미 플라톤과 토마스 아퀴나스도 분업을 인간 삶의 필연적인 조건이라고 말한 바 있다.

"인간은 서로 도움을 받고 서로 이용한다. 이 사람은 이 수요를 위해서 이용하고, 저 사람은 저 수요를 위해서 이용한다. 그래서 인간의 수요의 다양성은 많은 상호 협조자들을 함께 모아서 공동체를 이루게 한다. 이러한 공동체를 우리는 국가라고 한다."[55] 플라톤의 '국가론'에 있는 말이다. 토마스 아퀴나스도 인간은 그 자연적인 조건에서 이미 필연적으로 사회적인 존재일 수밖에 없다고 다음과 같이 말한다. "자연은 다른 동물들을 위해서는 일정한 먹이와 추위를 막기 위한 털과 자기를 해치는 적들을 방어하기 위한 발톱, 이빨들을 마련해 주었다. 그러나 인간은 자연으로 부터 그러한 것들을 얻지 못한 대신에 그러한 것들을 스스로 만들 수 있는 이성을 가지고 있다. 그렇지만 개인으로서의 인간은 혼자서는 그러한 것들을 마련할 수가 없다. 그러므로 인간은 필연적으로 다른 인간들과 더불어 한 사회 안에서 살 수밖에 없다. 이것이 자연의 요청이다." [56]

인간의 사회성을 그 생물학적인 조건들과 합리적인 목적을 통해서만 이해하려는 것은 일방적이다.

인간과 인간의 정서적인 관계가 인간의 사회성의 중요한 요소이기 때문이다. 마틴 부버에 의하면 나와 너와의 관계가 다른 인간들과의 공존으로서의 실존의 기본구조의 내용이라고 한다. 인간의 성숙을 위해서는 다른 인간들과의 정서적인 접촉이 필요하다는 것은 그동안 여러 가지 심리학적인 연구들을 통해서 명백하게 드러났다. 갓난아이를 그 어머니와 분리해서 기르면서 먹이와 온도를 정확하게 조절해도 그 어린아이는 인간적으로 위축되거나 발육이 현저하게 저해된다.

---

55) Platon, *Politeia*, Philosephische Bibliotek. S. 63.
56) H.Schoeck, 952. S. 49. Grafmann의 "Thomas von Aguin"에서 인용.

어린아이는 어머니와의 정서적인 접촉이 없이는 발육을 위한 외부적인 조건이 아무리 잘 갖추어져도 정상적으로 성장하기가 어렵다. 그러한 어린아이는 언제나 부드러운 접촉과 친절한 대화와 사랑의 표정과 따뜻한 손길을 그리워한다. 다시 말하면 자라나는 어린아이는 다른 인간들과의 정서적인 접촉과 이를 통한 정신적인 안정을 필요로 한다. 이것은 어린아이에게 뿐만 아니라 어른들에게도 마찬가지다. 인간은 인간들과의 유대에서만 안정을 누린다. '나'는 언제나 그와 정신적으로 연결된 '너'를 필요로 한다. 이것은 인간이 근본적으로 사회적인 존재이기 때문이다.

12. 사회화로서의 사람됨

인간은 자연으로부터 출생한 상태에서는 아직 미완성의 동물이고, 사회 안에서 사회를 통해서 비로소 인간다운 인간이 되는 것이라면, 사회화의 과정이 바로 사람됨의 과정이다. 인간은 사회화를 통해서 사람이 되는 것이기 때문이다.

'사회화(Sozialisation)'라는 개념은 최근 사회학 교육학 철학에서 많이 사용되기 시작했는데, 이 개념의 기원은 1920년대의 뒤르껨(Durkheim)으로 거슬러 올라간다.[57] 인간은 그의 출생 때 모든 그의 성질들을 위한 불확정적이고 가소적인 기초만을 가지고 나온다. 이른바 인간의 본성이라는 것은 이미 말한 바와 같이 사회적인 환경 안에서 사회적인 상호작용에 의해서 이룩되는 것이다.

인간은 사회화되기 전의 갓난 상태에서는, 어떤 의미에서는 백지와 같

---

57) E. Durkheim, *education et sociologie*, Paris 1923, S. 50.

은 존재라고 할 수 있다. 모든 시대의 모든 사회에서 백지와 같은 갓난아이는 성인들에 의해서 사회 안으로 인도된다. 이러한 사회 안으로 인도되는 과정이 곧 사회화의 과정이며, 사람됨의 과정이다. 여기에서 '인도'라고 하는 것은 두 가지 의미를 가진다. 첫째로 갓난아이가 사회 안으로 인도된다는 것은, 사회 안에 간직되고 있는 문화의 습득을 의미한다. 여기에서 문화라고 하는 것은 모든 사회가 공동생활의 매개로서 갖고 있는 넓은 의미에서의 문화를 말한다. 곧 행동양식과 도덕, 종교, 예술 그리고 생활방식, 이와 관계된 모든 경험과 지식을 말한다. 그런데 이러한 문화도 환경에 따라서 여러 가지로 특이성을 갖는다. 그러나 사회의 연속성과 공동성을 위해서 문화 그 자체가 이미 공동성을 갖고 있는 것이 사실이다.

둘째로 갓난아이들이 성인들에 의해서 사회 안으로 인도된다는 것은, 그들이 성장하면서 특수한 직업을 선택하고 이를 위한 훈련을 받는 것을 의미한다. 특히 분업적인 사회는 언제나 여러 가지 특수한 전문적인 직업들을 요구한다. 그런데 분업이 현대의 산업사회에서 현저해진 것은 사실이지만 인류사회는 처음부터 분업을 기초로 이루어진 것이다. 그러므로 아동들이 사회 안으로 인도된다는 것, 곧 사회화된다는 것은 언제나 특수한 직업을 위해서 훈련된다는 것을 함께 의미한다.

그러므로 만약 사람됨의 과정이 곧 사회화의 과정을 뜻하는 것이라면 사회화는 곧 교육의 과제이다. 그래서 뒤르껨은 교육을 다음과 같이 정의한다. "교육은 사회생활을 위해서 미숙한 인간에게 가해지는 성인세대의 작용을 말한다. 교육의 목표는 정치적인 사회와 그 환경이 요정하는 육체적·정신적·윤리적 능력들을 아동들에게 일깨워 주고 길러 주는 데 있다."[58] 한 마디로 요약하면, 교육은 아동들을 사회화시킴으로써 인간다운 인간을 만드는 작용을 의미한다는 것이다. 이러한 의미의 교육을 통해서 비로소 사회적인 인간성이 형성되고 사회참여가 가능하게 된다. 그래서 뒤르껨은 교육을 '사회화의 방법(sociolisation methodique)'이라고 했다. 이러한 의미의 사회화라는 것은 인간 존재에서는 오랜 그리고 보편적인 문제이다. 그것은 아동들로 하여금 그들이 속하는 사회의 성숙한 구성원이 되도록 교육하는 문제이기 때문이다. 그리고 넓은 개념으로서의 사회화라는 것은 많은 행동 가능성만을 가지고 태어난 인간이 구체적인 행동양식과 실제적인 생활태도를 발전시킬 수 있게 되는 전체 과정을 의미한다. 곧 인간이 그가 속한 집단의 가치관에 의해서 받아들여질 수 있는 행동과 태도를 형성하는 것을 의미한다.

최근에는 흔히 사회화의 과정이 사회학에 의해서 '역할분석(Rollenanalyse)'의 관점에서 관찰되기도 한다. 사회화의 과정을 역할분석을 통해서 체계적으로 관찰한 것은 파슨스(Parsons)의 개적적인 업적이다. 파슨스의 후계자들은 사회화를 인간으로 하여금 그의 사회적인 역할을 담당할 수 있게 만드는 넓은 의미에서의 교육을 뜻한다고 생각한다. 그

---

58) E.Durkheim, *education et sociologie*, Paris 1923.S.50

래서 아이젠슈타트(Eisenstadt)는 이러한 사회화의 과정을 다음과 같이
자세히 설명한다.

(1) 사회화는 먼저 자라나는 아동들과 성인들의 결합을 통해서 이루
어진다. 첫째로는 어머니 혹은 그를 대신하는 인간과의 결합이고, 다
음으로는 아버지와의 결합이고 그리고 점점 많은 다른 인간들과의
넓은 결합을 통해서 이루어진다는 것이다. 아동들은 이러한 성인들
을 그의 행동의 대상으로써 필요로 하기 때문에 그러한 결합이 이루
어진다.

(2) 이러한 결합의 형식은 적어도 처음에는 막연하고 포괄적이다. 성
인들의 어떠한 특수한 행동을 상대로 한 결합이 아니고 성인들의 전
인적인 인격 혹은 아동에 대한 그들의 일반적인 태도를 상대로 한 결
합이다.

(3) 이러한 아동과 성인들의 결합의 안정성은 그 아동이 사회적인 존
재로서 성장하기 위한 기본적인 전제이다. 다시 말하면 그 아동이 장
차 사회적인 역할을 담당할 수 있는 능력의 발전을 위해서 없어서는
안 될 전제조건이라는 것이다.

(4) 사회화는 무엇보다도 먼저 가정 안에서 가족들과의 결합을 통해

서 이루어지는데, 이러한 사회화를 거쳐서 아동들은 비로소 장차 사회적인 역할들을 담당할 수 있는 일반적이고 기본적인 예비 소질들을 발전시킨다.

(5) 이러한 예비 소질들을 기초로 해서 이제 여러 가지 다양한 상황들에 따르는 개별적인 특수한 역할들이 습득된다. 다른 인간들, 특히 성인들과의 상호작용과 상호행동의 가능성과 그들과의 지속적인 결합의 안정성이 아동들의 인간성 형성을 위한 기본적인 조건이 된다. 다른 인간들과의 상호작용과 상호행동 그리고 그들과의 지속적인 결합이 없이는 인간의 성장과 균형은 바랄 수가 없다. 가장 중요한 학습과정이 바로 이러한 조건 위에서 성립된다. 아동들이 한 사람 한 사람의 인격의 동일성 (同一性)을 인식하는 과정 그리고 사랑하는 성인을 삶의 표본으로 삼고 닮으려는 과정 등은 바로 다른 인간들과의 상호작용 또는 상호행동의 가능성과 지속적인 결합의 안정성을 기본 조건으로 해서 이루어지는 것이다.

인간은 생물학적인 연구와 인류학적인 연구 그리고 심리학적인 연구 등이 대체로 일치해서 확인하는 바와 같이 매우 약한 본능을 가지고 특수한 전문적인 기능도 없이 태어난 미완성의 존재로서 그가 속하는 사회집단의 보호와 인도를 통해서만 비로소 사회생활에 효율적으로 참여하기 위한 예비 소질을 얻을 수가 있다. 이러한 예비 소질이 앞으로의 지능과 인격의 발전을 위한 틀이 된다는 것은 이미 알려진 사실이다.

　인간은 자연으로부터 출생한 상태에서는 인간다운 인간은 아니다.[59] 그러나 인간은 가소성(可塑性)을 가졌고, 여러 가지 사회집단에 편입될 수 있는 가능성을 가졌다. 그러나 갓난아이가 원래 가지고 있는 그 넓은 가소성과 그 큰 가능성은 사회가 진전되면서 점점 제한된다는 것은 두말할 것도 없다.

　사회학적인 개념으로서의 '역할'이라는 것은 인간의 다른 인간들과의 사회적인 상호작용과 상호행동의 기본적인 단위를 의미한다.

　보기를 들면 가정 안에서는 아들의 역할, 아우의 역할, 아버지 어머니의 역할, 남편의 역할 등이 있다. 그런데 이러한 역할들은 언제나 상호 상대적이다. 아들의 역할에 대해서는 부모의 역할이 있고, 아우의 역할에 대해서는 형의 역할이 있고, 남편의 역할에 대해서는 아내의 역할이 있다. 가정을 넘어서 사회에 가면 역할들의 상호관계는 더욱 복잡하다. 그리고 한 인간은 동시에 여러 가지 역할들을 담당하게 된다. 아버지의 역할, 남편의 역할, 교사의 역할, 시민의 역할 등이 그것이다. 사회화라는 것은 결국 이러한 역할들의 습득을 의미한다. 이러한 역할은 다른 편에서 보면 일정한 사회적인 위치를 가진 한 인간의 태도와 행동에 대한 '기대'가 그것이

---

59) Man is not born human, Burgess U.Locke, *The family*,
　　New York 1945. S, 213.

다. 일정한 사회적인 위치를 가진 인간에 대한 그 사회집단으로부터의 '기대'를 의미한다. 교사의 역할은 다른 편에서 보면 우리 사회의 교사에 대한 기대이다.

사회화를 역할들의 습득이라고 할 때 이른바 역할의 습득은 다음과 같은 두 가지 기계적인 과정들을 의미한다. 역할의 습득은 먼저 자신에 대한 사회적인 기대를 기계적으로, 그리고 무의식적으로 익히는 것이다. 여기에서 익힌다는 것은 그의 인간성 속에 내면화시키는 것을 말한다. 다음으로 역할의 습득은 사회구조 안에서의 그의 위치의 기계적인 배열을 익히는 것이다. 자라나는 아동들은 그들의 태도와 행동에 대해서 무엇이 기대되며, 어떠한 것이 인정될 수 있고 어떠한 것이 가능한가를 무의식적으로 익힌다. 그리고 그들이 그 속에 살고 있는 일정한 사회집단의 구조 안에서 여러 가지 위치들이 어떻게 배열되어 있는가를 익힌다. 이러한 역할들의 습득을 통해서 사회화의 과정이 이루어진다.

보기를 들면 갓난아이는 가정이라는 보호령 안에서 자라나면서 먼저 어머니와의 결합을 통해서 자신의 어떤 태도와 행동이 기대되는가를 무의식적으로 익힌다. 그리고 그의 가정이라는 집단 안에서 어머니의 위치가 어떤 것이며, 아버지의 위치가 어떤 것이며, 형제의 위치가 어떤 것이며, 그들은 서로 어떤 관계를 가졌는가를 익힌다. 이렇게 해서 자라나는 아동은 어머니와 아버지 그리고 형제들과의 상호작용과 상호행동을 통해서 가정 안에서의 그의 역할을 습득하고, 이에 따라서 사회화의 과정은 진행된다. 이러한 역할의 습득은 이제 그 아동이 가정이라는 울타리를 넘어서 더 넓은 사회집단과 접촉할 때 더 본격적으로 진행되는 것은 말할 것도 없다.

역할분석의 관점에서 본 이러한 사회화의 과정은 늘 새로운 위치들과 새로운 역할들을 익혀야 되는 한 언제까지나 계속된다. 그런데 사회의 변동과 발전은 끊임없이 새로운 위치를 창조하고, 끊임없이 새로운 기대를 창조하고, 끊임없이 새로운 역할을 요청한다. 사회화의 과정을 통해서 한 사회가 보존하고 있는 경험과 규범과 지식들이 다음 세대에 전달된다. 이렇게 해서 한 사회의 연속성이 보존되고 문화의 전통이 이룩된다. 이러한 사회화의 과정을 통해서 하나의 미완성의 동물이 비로소 한 사회의 성원으로서의 인간이 된다. 이러한 의미에서 인간은 철두철미 사회의 거울이며 사회의 아들이다. 하나님이 인간을 그의 형상대로 창조한 것이 아니고 사회가 인간을 그의 형상대로 창조한 것이다.

인간의 사회화의 과정에 대한 연구는 지금까지 살펴본 역할분석의 관점에서 뿐만 아니라 정신분석의 관점, 발달 심리학의 관점, 사회 언어학의 관점 등에서 각각 진행되고 있다. 특히 정신분석의 관점에서의 사회화과정에 대한 연구는 어린아이의 사회화를 구강기(口腔期:oral), 항문기(肛門期:anal), 음경기(陰莖期:infantil-gental), 잠재기 (潛在期:latent) 등으로 구분해서 자세하게 설명해 주고 있다. 여기서도 역시 어린아이와 어머니 그리고 아버지와 다른 가족들과의 상호작용과 상호행동이 주로 심층 심리학적으로 분석된다. 그리고 이 모든 관점들의 연구들에서 공통적인 이론은 인간은 사회 안에서 다른 인간들과의 상호행동과 상호작용에 의해서 사회화되고 성숙한 인간이 되어간다는 것이다. 이러한 모든 연구들은 한결같이 인간을 사회의 피조물로서 관찰하고 있다. 인간은 사회 안에서, 사회에 의해서, 사회화됨으로써 인간이 된다는 것이다. 여기서는 사람됨은 사회화를 의미한다.

그런데 우리가 여기에서 생각해 보지 아니하면 안 되는 몇 가지 문제가 있다. 먼저 사회화는 사회와 그 문화적 유산의 공동성 때문에 인간의 획일성을 가져올 것이 아니냐는 문제이다. 다시 말하면 같은 사회집단 안에서 생활하는 인간들의 다양한 개성들은 무엇으로 설명할 것이냐는 것이다. 그래서 사회화와 더불어 이와 역행하는 '개인화(個人化:Individuation)'를 생각해야 되지 않겠느냐는 문제가 나타난다. 우리는 개인화를 사회화에 역행하는 하나의 과정으로 생각하지는 않는다. 같은 사회집단 안에서 자라나고 생활하는 인간들의 다양한 개성들은 그들의 사회화 과정에 작용하는 상황들의 차이를 통해서 충분히 설명할 수 있다. 같은 가정에서 자라나는 형제들도 그들의 사회화의 과정에 작용하는 상황들이 꼭 같을 수는 없다. 첫 아이가 태어나서 자라나던 그 가정의 상황과 둘째 아이가 태어나서 자라나는 그 가정의 상황은 벌써 형이 하나 있다는 것부터 다르다. 형이 하나 있다는 것이 이미 부모들의 그 아이에 대한 상호작용과 상호행동의 양상을 다르게 만든다. 그 가정의 경제적인 상태나 정신적인 상태 그리고 사회변천의 반영 등을 생각하면 더욱 사회화의 과정에 작용하는 상황이 같을 수가 없다. 가정이 서로 다르면 더 말할 것도 없고, 계층의 차이, 도시환경의 차이, 농촌과 도시의 차이 그리고 또한 늘 유동적인 시대적 상황의 변화를 함께 고려하면 사회화는 결코 획일적인 인간성을 생산하지 않는다는 것을 알 수 있다. 그러므로 개인화는 결코 사회화에 역행하는 것이 아니고, 사회화의 과정 안에 나타나는 작용으로 이해되어야 할 것이다.

다음으로 인간의 사회화에 대한 이론들은 사회에 의한 인간의 피조성만 강조하고 사회에 대한 인간의 창조성은 무시하는 것이 아니냐는 물음이 가능하다. 사회가 인간을 만들기만 하는 것이 아니라 인간이 또한 사회를 만드는 것이 아니냐는 것이다. 인간은 사회구조와 그 사회가 간직한 문화를 받아들이고 내면화하기만 하는 것이 아니고, 사회구조에 저항하고, 개혁하고, 문화를 비판하는 창의성을 갖지 않았느냐는 것이다. 사회구조에 동화할 뿐만 아니라 사회 구조를 비판하고 개혁할 수 있는 정신, 문화적인 전승을 습득할 뿐만 아니라 새로운 문화를 창조할 수 있는 창의성, 이런 것들도 사실은 인간의 근원적인 미완성의 열린 꼴로서의 가소성에 근거하여 사회화의 과정에서 자라난 것이다.

우리의 문화적인 전승 속에는 이미 기성 사회구조와 낡고 경화된 문화전통을 비판하고 개혁할 수 있는 원리와 정신이 담겨 있다. 우리는 우리의 문화적 전승 속에서 사육신(死六臣)의 정신을 이어받을 수 있으며, 화랑의 충성과 유교의 절개와 삼일운동의 저항정신 등을 사회화의 과정에서 내면화할 수 있다.

그러므로 비판정신도 사회화의 과정에서 얻는 것이며, 창의성도 또한 사회화의 과정에서 자라나는 것이다. 발생학적으로 어떻게 해서 그러한 비판정신이 인류 문화의 전승 안에 주어지게 되었는가 하는 문제는 사회화의 이론만으로는 역시 풀기 어려운 비밀로 남는다.

칼 야스퍼스에 의하면 기원전 5세기가 인류역사를 위한 주축시대라고 한다. 이때는 소크라테스와 공자와 석가가 출생한 세기이다. 그들을 통해서 인간의 삶의 원리가 문화적인 전승 속에 주어진 것 같다. 그 원리가 의식적으로 혹은 무의식적으로 비판과 저항과 개혁의 기준이 된 것 같다.

어떻게 해서 그러한 시대가 인류의 역사를 위해서 주어졌는가 하는 것은 인류의 운명과 관계된, 그리고 우리의 사람됨을 위해서도 결정적인 의미를 갖는 비밀이다. 사회화의 이론만으로는 설명되기 어려운 비밀이라는 것이다.

13. 기술사회와 인간 조종

만약 인간이 사회의 아들이라면 인간을 창조하는 오늘날의 우리 사회는 어떤 사회인가를 알아보지 않을 수 없다. 오늘 우리가 살고 있는 이 시대를 제2의 산업혁명의 시대 혹은 과학기술 혁명의 시대라고 말한다. 제2의 산업혁명을 통해서 경제적인 생산력이 급격하게 향상되고, 생산뿐만 아니라 인간의 삶이 기계화되고 또한 자동화되어가고 있는 그러한 시대에 우리는 살고 있다. 과학적인 지식이 폭발적으로 증대할 뿐만 아니라 과학과 기술이 또한 급속하게 변화하는 그러한 시대에 살고 있다는 것이다. 그리고 이러한 과학 기술문명의 사회를 산업사회 혹은 기술사회라고 말한다. 이는 생활이 편리해지고 기계화하고 합리화해 가고 있는 그러한 기술사회를 말한다.

기술사회에서는 인간의 삶과 인간의 삶을 위한 여러 가지 기관들이 기계화되고 이른바 '합리화'되면서 개성은 사라지고 점점 획일화되고 참다운 의미에서의 문화가 기술적인 문명에 의해서 압도되어 가고 있다. 모든 개인적인 기업들이 산업사회에서의 경쟁에 더 효율적으로 대처하기 위해서는 더욱 생산적이고 더욱 기계적인 집단적 기업들로 뭉쳐져 가고 있다. 효율화하기 위해서는 합리화하고, 합리화하기 위해서는 기계화하고, 기계화하기 위해서는 집단화하는 것이 산업사회와 기술사회의 특징이며, 이것은 인간의 삶과 그의 사람됨을 거의 전적으로 지배하고 있다. 이러한 효율화와 합리화와 기계화와 집단화는 경제적인 생산력을 놀랄만치 증대시키면서 인간의 삶을 편리하고 안락하게 만드는 것 같지만 인간 삶의 개성적인 자유와 문화적인 가치를 말살해 버리는 결과를 가져오고 있다. 그래서 이러한 기술사회는 다만 기술적인 지능만을 가진 인간을 창조한다. 원래 기술적인 지능이란 어떤 목적을 위한 수단에 불과했었다. 기술사회의 이러한 수단 우위성은 자연히 윤리적인 생활이 필요로 하는 목적에 대한 반성을 소홀히 할 뿐만 아니라 그러한 반성을 배제해 버리게 만들어가고 있다. 수단을 우위로 집단화한 기술인 이것이 기술사회의 피조물이며 산업사회의 주인공이다.

　이데올로기의 종말은 자본주의 사회와 공산주의 사회를 함께 이러한 산업사회로 변형시키고 있다. 산업사회를 통해서 자본주의사회와 공산주의 사회가 서로 접근하고 있다. 효율화와 합리화와 기계화와 집단화를 통해서 자본주의와 공산주의, 자유주의와 전체주의 사이의 차이는 사실상 그 의미를 점점 잃어가고 있다. 자본주의 사회는 점점 더 통제화되어가고 있고, 공산주의 사회는 자유화되어 가고 있다.[60] 앞으로 자본주의 사회를 지배하는 것은 자본가들이 아니고 오히려 기술인으로서의 경영자가 될 것이다. 그리고 산업화가 진행되면 될수록 공산주의 사회를 지배하는 것은 이른바 이념가 혹은 주의 신봉자가 아니고 오히려 기술인이 될 것이다. 기술인의 지배를 통해서 자본주의 사회와 공산주의 사회는 더욱 접근하게 될 것이다. 더욱 효율화되고 더욱 합리화되고 더욱 기계화되고 더욱 집단화된 기술사회가 창조한 기술인, 그리고 이러한 기술인을 주인공으로 하는 산업사회에서는 자본주의와 공산주의의 이데올로기의 차이는 큰 의미가 없다는 것이다.

산업사회를 지향하고 있는 발전도상의 사회들도 마찬가지다. 경제적인 생산력을 높이기 위해서 효율화하고, 합리화하고, 기계화하고, 집단화하지 아니할 수 없다. 다만 발전도상의 사회는 이러한 과정이 발전된 산업사회처럼 전체적으로 제대로 진행되지 않는다는 것이 다르다. 효율화를 지향하면서도 많은 비능률적인 요소들을 그대로 지니고 있고, 합리화를 지향하면서도 많은 부조리를 극복하지 못하고 있고, 기계화를 지향하면서도 값싼 인력이 기계를 대신하고 있고, 집단화를 지향하면서도 원시적인 억압과 본능적인 저항의 모순 대립이 노출된 그러한 사태를 그대로 안고 있다. 그러면서도 문화에 대한 문명의 압도적인 지배와 윤리적인 목적에 대

---

60) 동유럽 사회주의 국가들의 자유화의 경향을 말한다.

한 기술적인 수단의 우위성이 산업화에 대한 동경 때문에 발전된 산업사회에서보다도 더욱 뚜렷한 것이 발전도상의 사회의 특징이다. 이러한 발전도상의 사회에서는 기술인이 주인공이라기보다는 이른바 '발전'을 추진시키는 '권력인'이 주인이고, 기술인은 오히려 그에게 봉사하는 종의 역할을 담당한다. 여기서는 권력층이 정치와 경제를 한 손으로 다스리고 이를 통해서 사회의 모든 영역을 지배하려고 한다. 이러한 권력인에게는 어떠한 윤리적인 목적도 이를 위한 문화도 문제가 되지 아니하고, 다만 산업화를 위한 수단만이 중요하다. 이와 같은 발전도상의 사회는 순종하는 이른바 생산적인 기술인을 기르기를 원하지만 뜻밖에도 많은 권력에 대한 '저항아'를 창조한다. 이러한 저항아는 발전도상의 사회에서는 권력에 저항하고 부조리에 저항하고, 그리고 효율화와 합리화와 기계화와 집단화가 진행되면서 이른바 '발전' 그 자체에 대해서 저항한다. 문화에 대한 문명의 압도를 반대하고 인간의 기계화에 저항한다. 이들은 오늘날의 기술사회에서 이러한 저항아의 출생은 인류의 역사를 위해서도 큰 의미를 가졌는지 모른다. 발전도상의 사회에서 저항아는 아직도 덜 합리화된 부조리에 대해서 저항하고 점점 비대해져 가는 정치적 권력에 저항한다. 그러나 발전된 산업사회에서 저항아는 효율화되고, 합리화되고, 기계화되고, 집단화된 삶의 체제 자체에 대해서 저항 한다. 발전도상의 사회는 산업화를 지상의 과제로 삼지 아니 할 수 없기 때문에 실제 저항아의 반항에는 넘을 수 없는 한계가 주어진다. 발전된 산업사회의 효율화되고, 합리화되고, 기계화되고, 집단화된 체제는 너무나도 강대하다. 그러므로 여기에도 저항아의 반항에는 무너질 수 없는 한계가 있다. 그럼에도 불구하고 이러한 저항들은 문화의 역사를 위한 높은 정신적인 의미를 가졌다. 왜냐하면 산업이 발전하고 풍요한 사회가 되면 될수록 인간을 조종하는 기술도 발전하고 이러한 조종의 기술을 통해서 기계적으로 움직이는 저항을 모르는 로봇 인간이 현대의 사람됨의 하나의 모습으로 나타나기 때문이다.

발전된 산업사회는 인간을 지배하는 새로운 방식들을 발전시키고 있다. 행동과학적인 심리학·교육학·사회학·정치학 등이 이를 위해서 봉사하고 있다. 목적이나 이념의 문제들을 배제하고 가치판단으로부터의 중립을 표방하면서 이러한 과학들은 지배계층을 위해서 집단화된 인간들, 곧 대중을 지배하는 수단을 발전시키는 기술학으로 전락해 가고 있다. 현대인의 사유에서 수단 우위성 혹은 마르쿠제(Marcuse)가 말하는 '일차원적 사유'[61] 등이 이러한 행동과학의 성격에서 잘 드러난다. 그뿐만 아니라 발전된 산업사회는 그 높은 생산력을 통해서 인간을 매우 효율적으로 거의 완전하게 지배한다. 곧 발전된 산업사회는 그 높은 생산력을 통해서 늘 새로운 수요들을 창조하고, 이러한 새로운 수요들을 광고와 매스컴과 모든 선전수단을 동원해서 인간의 삶을 위한 불가결의 것으로 만든다. 그뿐만 아니라 사회구조와 생활조건을 변화시켜서 그러한 새로운 수요들을 필수

---

61) Herbert Marcuse, *Der eindimensionale Mensch*.1967. Berlin.

적인 것으로 만들면서 이들을 공급한다. 이와 같이 끊임없이 새로운 수요들을 창조하고 그 수요들을 마치 필수적인 것처럼 만든 다음 이들을 공급함으로써 인간들의 삶을 거의 완전히 사로잡아 버리고, 이를 통해서 그 사람됨은 거의 완전히 지배한다.

그래서 산업사회는 라디오에 귀를 기울이고, 텔레비전에 열중하고, 패션쇼에 마음을 빼앗기고, 늘 새로운 상품들을 소비하는 그러한 인간들을 창조한다. 이러한 인간들을 지배하는 데는 경찰이나 감옥이 필요하지 않다. 그들은 효율화되고, 합리화되고, 기계화되고, 집단화된 사회에서 편리하고 안락한 생활을 위해서 인격적인 자유를 스스로 자진해서 포기하기 때문이다.

이러한 상황은 발전도상의 사회에서는 양상을 다소 달리한다. 아직 덜 발전한 생산력 때문에 대중의 일상적인 수요를 충족시키지 못한 채 일부 부유한 사람들의 새로운 수요들만 공급한다. 여기에서 생기는 부유한 사람들과 대중 사이의 격차 때문에 대중의 지배를 위해서는 물리적인 힘이 동원되지 아니할 수 없다. 그러나 생산력이 점점 발전해서 대중의 새로운 수요들을 공급할 수 있게 되면서 이를 통한 지배도 점점 효율화되고 합리화된다. 라디오, 텔레비전, 냉장고, 전화, 문화주택, 마이카 등이 불가결의 필수적인 수요들로서 등장하게 된다. 이렇게 늘 새롭게 제시되는 수요들을 뒤쫓아 가노라면 인격적, 정신적 자유는 상실되고 편리와 안락을 위해서 그 사회체제의 종이 된다. 이러한 사회는 그 생활환경과 생활조건으로 인해서 청빈의 자유를 허용하지 않는다. 무능한 사람으로 매장되어 버리지 않고는 청빈의 자유를 누릴 수 없다는 것이다. 발전도상의 사회도 점점 발전해가는 생산력을 대중 지배를 위해서 이용하지만 인간 조종의 기술이 덜 발전하고 사회계층의 양극화와 여러 가지 덜 합리화된 부조리 때문에 대중지배를 위해서 물리적인 힘을 함께 사용하지 않을 수 없다. 그러나 생산력의 발전과 더불어 점차 인간들을 지배하는 방식은 더욱 효율화되고 합리화되어 간다.

　오늘날 발전된 인간 조종의 기술이 우리 사회생활의 거의 모든 영역들에 미치고 있다. 정치생활과 개인생활뿐만 아니라 노동과 여가 소비생활과 가족생활 그리고 성생활과 교육의 모든 형식들에 이르기까지 거의 조종당하게 되어가고 있는 것이 현대인의 운명이다. 이러한 인간 조종은 사회조직·매스컴·오락시설 등을 통해서 뿐만 아니라 성장하는 아동들의 사회화의 과정을 통해서 더욱 효율적으로 작용한다. 상품광고, 시장조사 등을 위해서도 정신분석학이 동원되는 것을 보면 산업사회가 얼마나 철저하게 인간 조종의 기술을 효율화하고 있는가를 알 수 있다. 에리히 프롬(Erich Fromm)은 산업사회의 경제체제가 그 체제의 존속에 이바지하는 그러한 인간을 요청하고 있고 또한 그러한 인간을 창조해내고 있다고 말한다.[62] 특히 자본주의적 경제체제는 더 많은 상품을 소비하기 위해서 텔

---

62) Erich Fromm, *The sane socierty,* New York, 1955 참조.

레비전이나 라디오의 광고에 관심을 기울이고 잘 조종될 수 있고, 그들의 수요가 미리 측정될 수 있는 그러한 인간들을 창조해낸다. 그렇게 조종당하는 인간들은 스스로 자유롭다고 믿고 자주적이라고 생각하면서도 사회체제가 원하는 대로만 행동한다. 사회체제의 움직임에 아무런 저항 없이 순종하고, 폭력 없이도 잘 다스려지고, 영도자 없이도 영도될 수 있고, 목표 없이도 잘 끌려가고, 목적에 대한 반성 없이도 기계적으로 행동하는 그러한 인간들을 창조해낸다는 것이다. 이것이 현대의 기술적인 산업사회가 낳은 사람됨의 모습이다.

이러한 기술적인 산업사회는 발전된 과학과 기술 그리고 모든 문명의 이기들을 동원해서 인간 조종과 인간 지배의 목적에 이바지하게 한다. 과학과 기술의 발전이 인간을 모두 구속과 고통으로부터 해방시키고 사회를 인간화시키는 대신에 반대로 인간을 조종하고, 인간을 구속하고 인간을 보이지 않는 쇠사슬에 굳게 얽매어 두는 데 이바지하게 된다. 그런데 우리를 위해서 더욱 중대하다고 느껴지는 것은 이러한 인간 조종과 인간 지배를 정당화하고 이른바 효율화, 합리화, 기계화, 집단화를 촉진시키고 현존하는 지배체제를 항구화하기 위해서 인간을 미숙한 상태로 억누르려고 한다는 사실이다. 왜냐하면 성숙한 이성을 실현한 인간은 그렇게 쉽게 조종되고 지배될 수 없으므로 이른바 효율화, 합리화, 기계화, 집단화의 촉진을 저해하는 요소가 되기 때문이다. 인간을 성숙한 상태로 발전시키고 최선의 자아를 실현시키는 대신에 미숙한 상태로 억눌러 둠으로써 다만 하나의 수단으로 이용하려는 것이다. 효율화, 합리화, 기계화, 집단화를 위한 수단, 곧 체제의 발전을 위한 수단으로 인간을 이용하려는 것이다. 사회체제가 인간을 위해서 봉사하는 것이 아니고, 인간이 사회체제를 위해서 수단으로 이용당한다. 수단 우위성의 기술인은 이러한 이용을 위해 적합한 존재이다. 인간은 그 자체가 목적이기 때문에 어떤 다른 목적들을 위한 수단이 될 수 없다고 한 칸트(Kant)의 말은 오늘날의 기술사회에서는 소 귀에 대고 경을 읽는 것과 같다. 오늘날의 기술사회에서 인간은 거의 완전하게 조종당하고 있고 철두철미 수단으로 이용당하고 있다.

이와 같이 기술적으로 조종당하는 로봇 인간은 자기 발로 걸어 다니는 것이 아니고 조직화된 대중이 움직이는 대로 걸어가고, 자기의 입으로 자신의 말을 하는 것이 아니고 합리적으로 효율화된 체제의 말을 한다. 자기의 생각으로 스스로 판단하는 것이 아니고 합리적으로 효율화된 체제에 의해서 주어진 궤도를 따라서 생각하고 미리 예정된 판단을 내린다. 스스로 생각하는 번거로움을 포기한 로봇, 꿰뚫어 볼 수 없는 복잡한 구조의 현대적인 삶의 상황 안에서 스스로 판단하는 어려움 앞에 항복한 로봇, 이것이 기술사회의 사람됨의 모습이다. 이것이 기술사회가 그의 형상대로 창조한 인간의 모습이다. 기술사회가 창조한 로봇들, 곧 거의 완전하게 기술적으로 조종당하는 인간들 사이에 남아 있는 저항아들은 참으로 예외적인 존재이다.

과학과 기술의 발전과 이로 인한 경제적인 생산력의 향상은 정의로운 사회건설을 위한 조건을 마련할 수도 있었고 또한 인간을 모든 고통과 구속으로부터 해방시킴으로써 최선의 자아를 실현할 수 있도록 도와줄 수 있었다. 아도르노(Adorno)는 경제적인 생산력의 향상이 일면에서는 정의로운 사회를 건설할 수 있는 조건들을 마련해 주지만, 다른 면에서는 기술적인 체제와 이를 장악한 집단에게 우월한 능력을 부여해서 대중을 지배하게 만든다고 했다.[63] 이것은 과학과 기술의 발전과 이로 인한 경제적인 생산력의 향상이 인간으로 하여금 최선의 자아를 실현할 수 있는 조건을 만들어 줄 수도 있고, 반대로 인간을 미숙한 상태로 억눌러 둠으로써 기술적으로 조종할 수 있는 로봇으로 만들 수도 있다는 것이다. 이것은 인간의 사회에 대한 우리의 결단에 달려 있는 문제이다. 이것은 인류의 역사를 위해서 중대한 의미를 가진 문제일 뿐만 아니라 우리의 사람됨을 위해서도 중대한 문제이다. 그리고 이것은 역사적인 혁명을 요청하는 문제이기도 하다. 나아가서 이는 어떤 사회를 만들 것인가 하는 이데올로기 비판의 문제이기도 하다.

---

63) Theodar W.Adomo, Dialektik der Aufklärung, Frankfurt.1952 참조.

14. 성숙한 이성의 실현

현대 과학기술문명의 산업사회가 생산한 로봇 인간, 그리고 병든 사회가 그의 모습대로 창조한 병든 인간 이것이 우리의 시대의 사람됨의 운명이다. 발전된 산업사회는 그의 이른바 효율화, 합리화, 기계화, 집단화를 위해서 인간을 기술적으로 거의 완전히 조종하려고 하며 이러한 인간조종을 위해서 인간을 미숙한 상태로 억눌러 두려고 한다. 과학기술문명의 산업사회가 요청하는 특수한 전문적인 기술인은 전인적인 인간으로서는 미숙한 존재이다. 특히 자본주의적 산업사회의 심장부는 시장이다. 모든 인간들의 삶이 시장과 연결된다. 교육을 통해서 길러지는 인간의 기능들은 모두 인력시장에서 요청되고 잘 팔리고 값비싸게 팔리는 기능들이다. 아무리 교육이 관념적으로는 전인교육을 표방해도 현실적으로는 인력시장에서 잘 팔리는 기능들만이 길러진다. 에리히 프롬이 산업사회가 창조한 인간을 '장돌뱅이'라고 한 것도 이러한 사실을 표현한 것이다.[64] 이렇게 해서 인간으로서의 정당한 무게가 점점 가벼워져 가고 있는 것이 눈에 띄게 나타난다. 야스퍼스는 "인간의 무게가 점점 가벼워져 가는 것이 우리 시대의 불가사의한 비밀"이라고 했다. 그런데 오늘날에서는 인류의 전통적인 문화가 가르쳐 주는 그러한 '정상적인 인간'이 점점 사라져 가고 있는 것을 느낄 수가 있다. 대장부, 의로운 사람, 이성의 인간 등의 자리를 기술인, 기능인 그리고 로봇들이 차지해 가고 있다.

그런데 이러한 과정은 유일의 필연적인 과정은 아니다. 이러한 과정을 초극할 수 있는 다른 가능한 길이 없는 것이 아니다. 계획된 과학과 기술의 발전이[65] 경제적인 생산력을 향상시키고 향상된 생산력이 유토피아를 위한 조건을 마련할 수도 있다. 이젠 어떠한 유토피아의 표상도 생산력이 계속 향상되면 결코 환상에 지나지 않는 것이 아니고 현실적인 지표가 될 수 있다. 생활조건이 향상되고 노동시간이 단축되고 많은 여가가 인간교육을 위해서 바쳐지면 인간은 그의 최선의 자아를 실현할 수 있는 기회를 가질 수 있다. 인류의 역사를 위해서 이러한 가능한 길을 개척하는 것은 우리가 회피 할 수 없는 중대한 과제이다.

그런데 이러한 가능한 길을 개척하기 위해서는 사회가 정당한 질서를 찾아야 하겠고 이러한 정당한 질서는 또한 혁명적 개혁을 요청한다. 과학

---

64) Erich Fromm이 말한 MarketOrientierung(시장지향성)을 말한다.
65) 이제는 과학계획 · 과학정책이 불가피하다.

과 기술의 발전이 그리고 이로 인한 생산력의 향상이 인간을 구속하고 인간을 조종하는 데 사용되지 아니하고, 인간을 고통과 구속에서 해방시키고 자유롭게 하는데 사용될 수 있는 그러한 정의의 사회를 건설하는 데 이바지할 수도 있다. 그리고 이러한 정의로운 사회질서 아래서 기술적으로 조종당하는 로봇이 아니고 자유로운 인격과 성숙한 인간을 이룩할 수 있는 사람됨의 길을 개척할 수 있다. 그런데 이러한 정의로운 사회질서와 그 아래에서의 최선의 자아를 실현하는 길은 인간의 이성 (理性)을 기반으로 하고서만 생각될 수 있다.

정의로운 사회질서는 힘에 근거한 것이 아니고 이성에 근거해야 한다. 힘으로 다스리고 힘에 의해서 억압된 사회질서는 역시 정의로운 사회질서는 아니다. 민주주의와 사회주의의 형식들과 이념들이 무엇이든지 이성에 근거한 사회질서가 바로 이상적인 정의로운 사회 질서이다. 그리고 인간이 기술적으로 조종당하는 로봇의 운명을 벗어나서 스스로 생각하고 스스로 판단하고, 집단화된 대중의 발이 아니고 나의 발로 걸어 다니고, 효율화되고 합리화된 체제의 입으로 말하는 것이 아니고 나의 입으로 말하기 위해서는 이성을 되찾아야 한다.

우리가 실현하고자 하는 최선의 자아는 성숙한 이성의 인간을 말한다. 기능인이 아니고 이성인을 말한다. 그러므로 현대 과학기술문명의 산업사회가 인간을 몰고 가고 있는 이 숙명의 길을 초극하고 다른 가능한 길을 개척하가 위해서 우리는 이성의 개념을 다시 성찰(省察)할 필요가 있다.

'이성(理性)'이란 무엇인가?

우리가 일상적으로 사용하고 있는 이성이라는 말은 서양문명의 기초가
된 개념으로 우리에게는 번역된 말이다. 번역을 위해서 우리 고유의 성리
학(性理學)이 함께 고려된 것 같다. 그러므로 우리는 이성의 개념을 성찰
하는 데서 서양철학과 우리의 성리학을 함께 참고할 수 있다고 믿어진다.
그런데 서양철학에서도 이성은 쉽게 정의될 수 있는 단순한 개념은 아니
다. 칼 야스퍼스는 서양철학 2천 년의 역사는 이성이 무엇인지 추구한 역
사라고 했다. 이성이란 늘 다시 추구되고, 늘 다시 밝혀지고, 늘 다시 실현
되어야 하는 그러한 개념임에 틀림없다.

피히트(G.Picht)는 그의 '유토피아에의 용기(Mut Zur Utopie)'에서의
'합리적(rational)'인 것과 '이성적(vernunftgemäβ)'인 것을 구별했다. "확
실히 과학의 이름에 합당한 모든 과학들은 합리적이다. 그러나 과학은 그
것이 이성적인 목적들에 이바지할 때만 이성적이다. 그런데 과학의 목적
들은 과학연구를 주문하는 사람들의 권력투쟁을 반영하기 때문에 과학은
형식적인 합리성에도 불구하고 비이성적이다." [66] 우리가 앞에서 과학기
술문명의 산업사회의 특징을 효율화, 합리화, 기계화 그리고 집단화라는
말들로서 표현했는데, 여기에서 합리화라는 것은 이성적인 것을 뜻하는
것은 아니다. 현대의 산업사회의 합리화라고 말할 때, 그것은 심층적인 비

---

66) Georg Picht, *Mut zur Utopie*.1969. München S. 93.

이성적인 목적과 부조리를 감추어 둔 채 표면현상을 기술적으로 다스리는 것을 뜻한다. 아뭏든 과학기술문명이 합리적이라 하는 것은 이성적인 것을 말하는 것은 아니다. 보기를 들면 범죄를 위한 합리적인 계획을 이성적이라고 말할 수는 없기 때문이다.

피히트의 이러한 구별은 칸트가 '이성(Vernunft)'과 '오성(Verstand)'을 구별한 것과 관계가 있는 것 같다.

칸트에게 오성이라고 하는 것은 감성적인 경험이 도달하는 한계 안에서 시간과 공간의 형식들을 통해서 작용하는 인식의 기능을 말한다. 다시 말하면 오성은 감성적인 경험의 한계를 넘을 수 없고, 그리고 인과율의 법칙 아래서 반드시 시간과 공간의 형식들을 통해서 현상을 인식하는 과학적인 기능이다.

이성은 이와는 달리 감성적 경험의 한계를 넘어서려고 한다. 과학적으로 인식을 하지는 못할지라도 하나님의 개념, 자유의 개념, 포괄적인 전체 세계의 개념 등을 지향하는 것이 이성이다. 이성은 오성을 포함하면서도 오성의 한계를 넘어서는 것이다. 따라서 이성은 과학적인 기능뿐만 아니라 하나님의 개념을 통해서 종교적인 기능을 그리고 자유의 개념을 통해서 윤리적인 기능을, 또한 포괄적인 전체 세계의 개념을 통해서 형이상학적인 기능을 가졌다. 오성은 감성적인 경험의 한계 안에 머물러 있기 때문에 하나님의 개념을 인식할 수 없고, 경험세계의 인과율에 얽매어 있기 때문에 자유의 개념을 용납할 수 없고, 경험적인 현상들을 다루기 때문에 포

괄적인 전체 세계를 모른다.[67]

　우리는 다시 우리의 일상어로서의 이성을 지능과 구별함으로써 우리가 여기에서 말하고자 하는 이성이 무엇인지를 드러내고자 한다. 과학과 기술은 지능의 산물이다. 따라서 과학기술문명의 세례를 받고 자라난 현대인은 지능이 높다. 그러나 과학기술문명의 세례를 받고 자라난 현대인을 이성적이라고 말할 수는 없다. 지능은 어떠한 목적들을 위해서도 수단으로써 봉사할 수 있지만, 이성은 스스로 목적을 생각하기 때문에 단순한 수단이 될 수는 없다. 칸트가 인간을 단순한 수단으로 다루어질 수 없는 존재라고 했을 때, 그는 인간이 이성적인 존재라는 것을 전제하고 있었다. 지능적인 행동은 그것이 봉사하는 목적에 따라서 비이성적일 수 있다. 그러나 이성적인 행동이 비지능적이어서는 어떠한 목적도 달성할 수가 없다. 이성은 지능에 의존하지만 또한 지능을 넘어선다. 현대의 로봇인간, 기술인, 기능인은 발전된 지능은 가졌으면서도 성숙한 이성은 갖지 못했다.

　우리의 일상어로서의 이성은 감정 혹은 정열과 대립되는 말이다. 이성은 논리를 추구하지만 감정은 맹목적이다. 따라서 이성은 진리를 밝힐 수 있지만, 감정과 정열은 진리를 느낄 수는 있어도 밝힐 수는 없다. 물론 이성과 감정은 진리를 발견하는 데 상호 보충할 수는 있다. 감정이 어둠 속

---

67) Kant의 *Kritik der reinen Vernunft,* 참조

에서도 방향을 느끼고 이성이 이를 논리적으로 추구해서 밝혀낼 수 있기 때문이다. 그러나 논리와 질서는 늘 이성에 의해서 세워지고, 진리는 결국 이성에 의해서 밝혀진다. 그러면서도 이성은 행동을 위해서 감정과 정열에 의존한다. 이성 없는 정열은 맹목적이고, 정열 없는 이성은 무력하다. 그 것은 마치 눈이 없으면 방향을 잡지 못하고, 발이 없으면 걸어가지 못하는 것과 같다. 사회적인 질서를 위해서도 우주적인 질서에의 참여를 위해서 도 이성과 감정은 함께 중요하다. 질서를 세우고 질서에 참여하는 것은 이 성의 역할이지만, 감정이 바르게 다스려져 있지 못하면 바른 질서의 관계 는 어렵게 된다. 이성과 감정은 이와 같이 상호 보충 할 수 있지만 또한 상 호 배척할 수도 있다. 감정이 이성을 방해하고, 정열이 이성을 어둡게 하 는가 하면, 냉철한 이성이 감정을 규제하고 정열에 찬물을 끼얹을 수가 있 다. 윤리의 세계, 형이상의 세계에서는 이성이 주인이고 감정과 정열은 보 조자라고 할 수 있다면, 종교의 세계와 예술의 세계에서는 감정과 정열이 주인이고 이성이 보조자라고 할 수 있겠다. 우리의 동양철학이 '이(理)'와 '기(氣)'를 구별한 것은 매우 흥미롭다. 여기에서 '이'라는 것이 법칙 이상 또는 질서의 뜻을 가진 것은 틀림없다.

지금까지 살펴본 이성과 합리성의 구별, 그리고 이성과 오성의 구별, 이성과 지능의 구별, 이성과 감정의 대립 등을 통해서 드러난 이성의 성 격을 다시 한 번 요약해 보아야 하겠다.

첫째로 이성은 오성이나 지능과 마찬가지로 논리를 추구하는 인식기능이다. 그러나 오성이나 지능과는 달리 부분적인 현실이나 경험적인 사실의 한계를 넘어서 포괄적인 진리를 추구한다. 오성이나 지능과는 달리 목적이나 가치 규범 등도 비판적인 사유(思惟)의 대상으로 한다.

둘째로 이성은 자연적인 질서, 사회적인 질서 그리고 우주적인 질서에 인간을 참여시키는 기능을 가졌다. 원래 희랍말 '로고스(Logos)'나 '누스(Nous)'는 우주적 질서를 말한다. 동양철학에서도 물체들 사이의 질서를 물리(物理)라고 하고, 사실들 사이의 질서를 '사리(事理)'라고 하고, 인간들 사이의 질서를 '의리(義理)'라고 하고, 인간의 마음의 질서를 '성리(性理)'라고 하고, 우주적인 질서를 '천리(天理)'라고 불렀다.

셋째로 이성은 비판의 기능이다.[68] 오성이나 지능은 늘 순응하고 수단으로 이용될 수 있지만, 이성은 비판할 수 있는 권리를 보유한다. 기술적으로 효율화되고 기계적으로 합리화된 밑바닥에 숨어 있는 모순과 부조리를 발견해 내는 것은 이성의 역할이다. 이성은 이미 합리화된 것을 늘 다시 비판함으로써 정립된 질서를 늘 초극한다. 따라서 이성은 늘 스스로를 초월하면서 새롭게 스스로를 실현한다고 말할 수 있다.

넷째로 이러한 이성은 인간에게 자연적으로 주어져 있는 기능이 아니고, 인간이 이룩해야 할 과제이다. 모든 인간이 태어나면서부터 자연적으로 이성을 가지고 있기 때문에 인간은 언제나 이성적으로 생각하고, 인간

---

68) H.Marcuse는 그의 *Der eindimenisonaler Mensch*에서 현대인이 이성의 비판적 기능을 잃었다고 주장했다.

은 언제나 이성적으로 행동한다고 믿은 것은 잘 못된 것이었다. 인간은 이성적 존재라는 명제가 이렇게 잘못 이해될 수도 있었다. 인간은 지능적으로 생각하고 지능적으로 행동하면서도 완전히 이성을 잃어버릴 수도 있다. 그러므로 이성은 인간에게 자연적으로 주어져 있다기보다는 스스로 이룩해야 할 넓은 의미에서의 교육적인 과제라고 하는 것이 옳다.

다섯째로 이성도 무의식적으로 조종될 수 있다. 특히 미숙한 이성은 감정과 심층적인 충동 그리고 생리적인 욕구 등에 의해서 조종되기 쉽다. 그러므로 인간은 스스로 이성적으로 생각하고, 이성적으로 판단하고, 이성적으로 행동한다고 믿으면서도 사실은 감정이나 심층적인 충동이나 생리적인 욕구에 의해서 결정된 방향을 따라서 생각하고, 판단하고, 행동하는 일이 많다. 미숙한 이성은 감정이나 심층적인 충동이나 생리적인 욕구에 대해서 종으로 봉사하고 그들을 정당화하는 역할을 하기 쉽다. 그러므로 인간은 늘 반성과 성찰을 통해서 스스로의 감정과 심층적 충동과 생리적 욕구를 다스림으로써만 성숙한 이성을 실현할 수 있다.

여섯째로 인간의 이성은 그의 삶의 입장을 완전히 초월하지 못한다. 따라서 이성은 그 인간의 삶의 사회적인 제약성을 벗어나지 못한다. 그러므로 인간의 이성이 밝히는 진리는 그의 삶의 입장에서의 원근법적인 전망을 벗어난 것이 아니다. 그것은 늘 그의 삶의 입장에서 본 진리의 일면이다. 외로운 사람은 늘 세상을 쓸쓸하게 보고, 행복한 사람은 늘 세상을 아름답게 본다. 배고픈 사람은 늘 세상을 원망스럽게 생각하고, 배부른 사람은 늘 세상을 즐겁게 생각한다. 인간의 미숙한 이성이 밝히는 진리는 늘 이러한 원근법적 전망을 벗어나지 못한다.

인간이 어떻게 성숙한 이성을 실현함으로써 조종당하는 로봇이나 단순한 기능인이 아니고 인간다운 인간으로서의 무게를 되찾을 수 있을까? 이것은 우리 시대에 사람됨의 가장 중요한 문제이다. 이성의 자연적으로 주어진 것이 아니고 인간이 실현해야 할 과제인데, 이러한 이성은 인간들 사이에 상호작용과 상호행동을 통해서 자라나는 것이다. 그러므로 사회구조의 형태에 따라서는 이성이 성숙해 질 수 없는 그러한 인간관계의 상황이 있다. 곧 윗사람에게는 복종만 해야 하고 아랫사람에게는 명령만 하는 그러한 억압적인 계급사회에서는 성숙한 이성이 자라나는 것을 기대할 수가 없다.

이러한 사실을 가장 철저하게 인식한 사람이 칼 마르크스였다. 계급사회에서는 이성이 진리를 밝히지 못한다는 것이다. 정치적인 지배관계를 경제적인 지배관계가 대신해도 사태는 마찬가지다. 상전과 종의 지배관계를 자본가와 노동자의 지배관계가 대신해도 성숙한 이성이 자라날 수 없는 억압적인 상황은 마찬가지다. 그러므로 억압적인 지배관계가 자유로운 협동관계로 변형된 그러한 사회구조가 바로 성숙한 이성이 실현될 수 있는 여건이라고 할 수 있다. 누가 명령을 하고 누가 복종을 하는 그러한 사회구조 안에서는 명령만 하는 사람도, 복종만 하는 사람도 성숙한 이성을 이룩할 수가 없다. 명령만 하는 사람은 스스로의 삶의 입장만 절대화하기 때문에 고정적인 전망 아래서만 사유하고 판단하고 행동한다. 그는 객관적인 진리를 개방적으로 추구할 수 있는 기회를 갖지 못한다. 복종만 하는 사람은 스스로 생각하고, 스스로 판단하고, 스스로 행동할 수 있는 기회를 갖지 못한다. 그리고 그가 권력을 차지하게 되면 다시 명령만 하려고 한다. 그래서 그는 성숙한 이성을 실현할 수 없다. 독재적인 지배체제, 그것이 정치적인 것이든 경제적인 것이든 그러한 지배체제가 민주화된 협동체제, 곧 자유로운 인간들의 공동체로 바꾸어져야 그 안에서 생활하는 인간이 성숙한 이성을 실현할 수 있다. 지배체제가 협동체제로 바꾸어지면 인간 조종도 사라진다. 정치적인, 경제적인 지배가 불필요하면 조종도 불필요하기 때문이다.

민주화된 공동체 안에서도 인간이 스스로의 인격과 자기의 삶과 공동체의 질서와 인류의 역사에 대해서 책임을 느끼지 않으면 이성으로 돌아갈 수 있는 계기가 만들어지지 않는다. 인간이 그의 인격과 삶과 그의 공동체와 그 미래에 대해서 책임을 느끼지 않고 책임있게 참여하려는 생각이 없으면 그는 바람 부는 대로 물결치는 대로 스스로를 내맡겨 버리기 쉽다. 인간은 책임있게 생각하고 책임있게 판단하고, 책임있게 행동할 때만이 참으로 성숙한 이성을 실현할 수 있다. 나의 인격의 동일성에 대해서 책임을 지고, 나의 일회적인 삶에 대해서 책임을 지고, 나의 공동체의 정의로운 질서를 위해서 책임을 지고, 우리의 미래에 대해서 책임을 질 때 나는 이성적으로 생각하고, 이성적으로 판단하고, 이성적으로 행동하게 된다.

성숙한 이성은 책임감과 더불어 자라난다.

민주화된 공동체 안에서 무거운 책임감을 가져도 역시 인간의 이성은 그의 삶의 입장을 초월하지 못한다. 나의 선입관, 나의 이해관계 이런 것들이 나의 사유와 판단과 행동을 제약한다. 따라서 이러한 나의 삶의 입장은 객관적인 진리를 추구하는 것을 방해한다. 그러므로 나의 삶의 입장을 초월해서 비교적 객관적인 공동의 진리에 접근하는 길은 오직 서로 삶의 입장을 달리하는 사람들 사이의 대화의 길뿐이다. 이러한 대화는 나의 주장이 절대적이 아니라는 것을 전제하고서만 가능하다. 나의 주장만을 절대적이라고 믿는 사람과는 대화를 할 수 없으며, 또한 대화를 할 필요도 없다. 자기의 삶의 입장을 초월해서 서로 보충함으로써 공동의 진리에 도달하려는 개방적인 태도만이 참다운 대화를 가능하게 만든다. 독단과 광신은 비이성적인 성격의 것으로서 대화를 거부한다. 따라서 그러한 독단과 광신은 성숙한 이성의 실현을 불가능하게 만든다. 독단과 광신은 진리를 소유한 것으로 착각하지만 참다운 진리는 소유되는 것이 아니고 늘 새롭게 추구되어야 하는 것이다. 진리를 사랑하는 사람은 대화를 거부하지 않는다. 그러므로 인간은 열린 대화를 통해서만 객관적인 공동의 진리를 추구하는 성숙한 이성을 실현할 수 있다.

인간은 끊임없는 자아 성찰을 통해서만 성숙한 이성을 실현할 수 있다. 인간의 사유와 판단과 행동은 이미 말한 바와 같이 감정과 심층적 충동과 생리적 욕구에 의해서 지배되기 쉽다. 그러므로 만약 인간이 스스로의 감정과 심층적 충동과 생리적 욕구를 자아 성찰을 통해서 다스리지 못하면 이성적으로 생각하고, 이성적으로 판단하고, 이성적으로 행동하기는 어렵다. 감정이나 심층적 충동이나 생리적 욕구는 무의식적으로 작용하기 때문에 스스로 이성적으로 생각하고 판단하고 행동한다고 믿어도 사실은 비이성적으로 생각하고 판단하고 행동하는 일이 많다. 인간이 성숙한 이성으로 진리를 추구하기 위해서는 끊임없는 자아 성찰을 필요로 한다. 따라서 우리의 문화적인 유산이 우리에게 가르쳐 준 자아 성찰은 윤리적인 의미를 가졌을 뿐만 아니라 인식론적인 의미도 함께 가졌다. 왜냐하면 인간은 끊임없는 자아 성찰을 통해서만 성숙한 이성을 실현하고 공동의 진리를 인식할 수 있기 때문이다. 하루에도 세 번이나 스스로를 반성한다는 선인의 예지의 높은 의미를 우리는 다시 깨닫는다. 자아성찰과 실천궁행으로 '도(道)'를 체득하려면 선인들은 사실 오늘날 우리가 바라는 성숙한 이성을 이룩하려는 사람들이었다.

기술사회가 생산한 로봇 인간, 병든 사회의 병든 인간, 인류 역사의 위기, 이것들을 극복하는 길, 그것은 성숙한 이성을 실현함으로써만 개척될 수 있는 길이다.

Abstract

Philosophy as a Study of Man

Rhee Kyu Ho*

Knowledge about man abounds today, cultural anthropology,
anatomy psychology, sociology and other allied fields of study
continue to reach into their respective aspects of what man is
and what he does. Paradoxical as it may seem, man is less known
to himself today than at many other times in history.

The present age is variously described as one of machinery or
technology, and consequently, one of dehumanization. All the
same, the question which history poses to man-who he is and
what his identity-remains unanswered. Man must find an answer,
for without a clear idea of what he is, be cannot properly form
his character, be himself as an individual distinct from his fellow-

man. Besides, all major spiritual movements in history, be it educational or social, philosophical or religious, have based themselves on a definite view of man. If there is a question posed to philosophy of our time, it must be one of 'what is man.'

In the Western tradition of philosophy man was presumed to possess reason, as witness his scientific name-homo sapiens. Reason was held to be what sets man above the rest of creation. By virtue of reason, it was argued, man is capable of seeking truth and regulating his behavior. It was believed that reason governed not only his thoughts and actions but, when identified with Logos, indeed the very universe. Man as a rational being has remained more or less consistent from early Greek philosophers through the ages to Hegel.

Then came change, as it must to everything. Schopenhauer, a contemporary of Hegel's, said that man is a being with will rather than reason. His postulate had a lasting influence on subsequent thinkers;in line with him were Nietzsche and his will to power. Marx and his will to possession, Freud and his libido.

---

*Associate Professor of Philosophy. College of Liberal Arts, Yonsei University.

Geothe and others of the Romanticschool placed a higher value on emotion in preference to reason, which they thought of as a lifeless quality given to calculating and measuring. Still later, existential thinkers too came out against reason, arguing that life is a reality, a paradox whose depths reason alone cannot fathom.

At this point we should pause to distinguish reason from perception or understanding:perception as a faculty to count and theorize;reason as a capacity for ethics or conduct. A reappraisal of reason will be valid only if we are to realize that life is common to all men and not merely sufficient unto one individual to understand life in terms of I-Thou relations. This would also serve to check the irrational tendencies in contemporary thinking.

Biology shows that at birth man's bodily organs and sensorial perceptions are at a lower stage of differentiation than is the case with other animals. While young animals of most species are born virtually ready to cope with their ecological conditions, newborn infants have to go through an extended period of development before they can adapt to environment. This seeming weakness, however, conceals the unique advantage that allows man to adjust to a much wider variety of environmental conditions. The ontogenic development of man more or less parallels his development as a being capable of conceptual thought. When animals are physically full grown they have automatically reached maturity. Man by contrast has to continue toward the fulfilment of himself. This is a process that should continue throughout his lifetime, with no guarantee that he will reach that goal by the end of his life.

Self-fulfilment or its Korean equivalent, 'saram-doem(사람됨)' 'being or becoming human' or 'the way one is human' is what man owes to himself. What kind of human being he will grow up to be lies well within the realm of his free choice and free will. And it is in this light that Sartre's reference to substance of existence of freedom should be considered. Sartre should be taken to have meant that a man is responsible for what he is.

This is not to say that man is completely free in forming his character. Obviously this is not the case:freedom to mold his character according to his wishes apart from its being a vital freedom is circumscribed by environment, or tradition and culture, politics and economics. In explaining cultural tradition as an essential determinant in character formation, a Korean term 'ul(얼)', roughly equivalent to 'spirit' is chosen. This term is used to signify not only spirit which is individual and subjective, but a group spirit which holds society together, an historical spirit that gives continuity of a culture proper to a society from generation to generation.

Spirit or ul thus defined is a stream that flows from generation to generation:not merely something that helps establish identity for the man as a being endowed with a soul that is potentially immutable and timeless. Man attains to such a transcendental identity only through faith and being worthy of trust. It is at one faith in the Supreme being and faith in his neighbor and reciprocally inspiring his neighbor's faith in man himself. Such a timeless identity has to be 'created' by man or 'revealed' to him. To cover this meaning this Korean verb 'iruk'ada(이룩하다)'is adopted.

The attainment of such a transcendental identity is thus an act of faith based on freedom of choice. This is an act which should be sharply distinguished from mere subjectivism. As man strives for this highest stage of self-fulfillment he must experience an I-Thou encounter, an experience having the total unexpectedness of a revelation.

Bibliography

Binswanger, L. : *Grundformen und Erkenntnis menschlichen Daseins.* Zürich 1942.

Bollnow, O. F. : *Das neue Bild des Menschen und die pädagog Aufgabe.* Frankfurt 1934.

Buber, M. : *Das Problem des Menschen.* Heidelberg 1948.

Cassirer, E. : *An Essey on Man.* New Haven 1944.

Gehlen, A. : *Der Mensch.* Frankfurt 1962.

Horkheimer, M. : 'Bemerkungen zur phil'. *Anthropologie, Zeitschr. f.* Sozialfschg. 5. 1935.

Landmann, M. : *Der Mensch als Schöpfer und Geschöpf der Kultur.* München 1961.

Plessner, H. : *Macht und menschliche Natur.* Berlin 1931.
Zwischen Philosophie und Geschichte. Berlin 1953.

Rothacker, E. : *Problem der Kulturanthropologie.* Berlin 1948.

Ficht, G. : *Mut zur Utopie.* München 1969.

Marcuse, H. : *Der eindimensionale Mensch.* Frankfurt 1968.

Fromm, E. : *Der moderne Mensch und seine Zukunft.* Frankfurt 1971 .

찾아보기

ㅇ

ㅈ

ㅊ

사람됨의 뜻 - 철학적 인간학

초판 발행 1967년 9월 15일
초판 6쇄 1973년 2월 10일
개정 1판　1쇄 1974년 3월 20일
개정 1판 29쇄 1996년 2월 20일
개정 2판　1쇄 2000년 5월10일
개정 2판　2쇄 2013년 11월30일

지은이 이규호
펴낸이 은보람
펴낸곳 도서출판 좋은날
출판등록 2013년 10월 7일 제2013-000070호
주소 우)140-902 서울시 용산구 두텁바위로 101-1
전화 02-752-1895 | **팩스** 02-752-1896
전자우편 book@dalgwaso.com
홈페이지 www.dalgwaso.com
찍은곳 범선문화사

정가 12,000원
ISBN 978-89-86894-99-8 [93100]